Ostpreußisches Wortschatzkästchen

Klaus Papies

Ostpreußisches Wortschatzkästchen

Mit Illustrationen von Dirk Bergner

ihleo verlag

Bibliografische Information der Deutschen Nationalbibliothek

Die Deutsche Nationalbibliothek verzeichnet diese Publikation in der Deutschen Nationalbibliografie; detaillierte bibliografische Daten sind im Internet über http://dnb.d-nb.de abrufbar.

Impressum

4., erweiterte Neuauflage

Gesamtherstellung: ihleo verlag – Dr. Oliver Ihle
Schlossgang 10, 25813 Husum
info@ihleo.de, www.ihleo-verlag.de

ISBN 978-3-96666-055-6

Meinen ostpreußischen Eltern
Paul und Eva Papies
sowie meinem schleswig-holsteinischen Schatz,
Gisela Schulz-Papies,
in Liebe und Dankbarkeit gewidmet

abfuschern; abgnaffeln; abgnupsen; abknappsen; achottchen, achottchen! / achoi, achoi!; alle ba!; anpremsen; anpummeln; aufdonnern; aufschmettern; auftischen; ausgefressen; auskaddern; ausmolschen; ausputzen; ausspingern.

bedripst; Bedvase; befruntscheln; behumpsen; bekneifen; belapsen; belumpen; besacken; bewetzen; bewiss dich!; Biswurm; Bixen; Bjedä; Bollchen; bubbern; buggern; bullern; Bunschel (-rock); burbeln; Butsch.

Dämlak; dammlich; Deez; (beim) Deiwel auf der Rinn; Dittchen; Dopszottis; drugglich; Dubbas; Dummchen; Dups; Duschak; Dusel; Dussel; dwatsch.

erkubern.

Farin; fisslig; Fladruschen; Flammfladen; Fläz; Flickerkrepsch; Flickerpuppe; Flinsen; Flinsenpfanne; Flochten; fschistko jädno; Flunsch ziehen; Fupp.

Gebamsel; glamsrig; glubschen; Glumse; Glumskopf; Glumskuchen; gnatzig; Gniefke; Gnos; grabbeln; grapschen; Graschel; Grauchen; Grumpel; Grutsch.

hacheln; Heemske; herumkarjolen; herumscharwenzeln; hubbern; hucken; Hundsbud.

I wo wer(d) ich.
jankern; Jungchen.
Kaburr; (alter) Kacker; kadakschen; Kaline; Kalus(e); Kaluseninker; karäsig; Katzkeles; Kaventsmann; Keilchen; Keuchel; klabastrig; klatrig; Klops; Klumpatsch; Klumpen; (alte) Klunker; Klunkersuppe; Knagge; knauen; Knubbel/Gnubbel; Köckels; koddrig; Kokoschinski; Koppche; koppheister; krängeln; Krät; krauchen; Kredenz; kreipieken; kriejullen; Kringel; Krinschullek; krischeln; Krunschellöckchen; Kruschke; Kuckel; Kudlus; Kuffchen; kullern.
labbrig; Lapaddel; Lauks; Liebchen und Goldchen; Lucht; lungern; lusern.
maddern; margritsch; Marjell; mickern; moi bose cochani; molsch; mopsen; Muchuch; muksch; muffeln; Murr; Mutzkopf.
Nachschrabsel.
obstinasch; Okel.
padolsch; panäbratsch; Panietschke; Panneraschpel; Paschenter; Paschieske; Paslak; Patscheimer; pesen; pesern; pesteln; piepstrurig; Piezchen; Pindrullek; pintig; pinxern; pischeln; Pischeltopf; Pisskachel; plachandern; pladdern; Plaster; Plawucht; Plerschkutt; pletern; Plickduse; Plier; plieren; Plieten; plinkern;

Plossen; pluddrig; plundern; Plurksch; plurkschen; plustern; Pojatz; Pomuchelskopp; porren; Porschundek; Posauken; Pracher; Premser; Prickel; Prömmel; prudeln; Prußnuss; Pschetzek; Pschika raus!; Pungel; Purrschussmännchen; puscheln; puschen.
Rachachel; rachullrig; Rawasche; ribbel die Katz; rucksen; rumaasen; rumdummen; rumfijucheln; rumgnurren; rumlacheisern; rumschudneken; Rumtreibersche; ruscheln; Ruscheldups; ruschpeln.
schabbern; Scheiminus; Scheipine; scheiweln; Schelwerchen; Schent; scherkuiken; schesen; schichern; Schinder; Schischkes; Schisslaweng; Schlauben; Schlorren; Schlubber; schlubbern; Schlunz; Schlunzsuppe; schmackostern; Schmadder(-kuchen); Schmand; Schmunzelsoße; schnabulieren; Schnittke; Schnodder; schnurgeln; Schubiak; Schudkus; schurren; Schurrmurr; schusslich; Schutt; Smik; Spachheister; spenkern; spicken; Spickfuß geben; spiddrig; Spirgel; stiemen; (sich) stremmen; Strempel; Stritzel; stuken; strullen; Szamaiten.
terras mam!; tramduiken; tranchieren; Trutsche; Tutschke.
Ulepingste.
verklauen; verknusen; verpimpelt; verpirren;

verruschelt; verschampieren; verschmengert; vollgekrasselt.

Was-che?; Wippchen; Wirtsche; wischig; Wischkodder; Wischkull; Wruken; wurrachen

zappzarapp; zerplisern; Zibuische; Zigenker; zoddern; Deiwels Zujager.

Vorwort

Ostpreußen ist ein im Abgrund der Geschichte des 20. Jahrhunderts, des Jahrhunderts der Gewalt, versunkenes Land, heutzutage teils polnisch, teils russisch und mit einem nördlichen Zipfel litauisch. Auch die alten Ostpreußen sind dabei, aus der Gegenwart zu verschwinden, als intakte Bevölkerungsgruppe gibt es sie schon lange nicht mehr, und inzwischen ist bereits die Generation der Urenkel auf dem Weg, für die Ostpreußen in der Regel nur noch eine ferne Sage ist, wenn überhaupt. Dieses Schicksal eines untergegangenen Landes, seiner Kultur und seiner Menschen teilt mit einiger Verzögerung auch die ostpreußische Sprache, die in den vielen Jahrzehnten seit Kriegsende nur in Rudimenten überlebt hat und die bald niemand mehr sprechen wird.

Dieses „Wortschatzkästchen“ ist der späte Versuch, aus der persönlichen Perspektive eines Familienwortschatzes, der nur einen kleinen Teil des Ostpreußischen abdecken kann, mündlich überlieferte Sprache, die in den Rang des Schriftlichen nicht aufgestiegen ist, in ihrem individuellen Kontext darzustellen und für die Nachwelt aufzubewahren. Insofern handelt es sich bei der vorliegenden Arbeit um kein Lexikon im wissenschaftlichen Sinne, der Sammel- und Unterhaltungswert steht im Vordergrund.

Aus der unterschiedlichen Herkunft meiner Eltern, der Stadt Tilsit mit der memelländischen Umgebung einerseits und einem Dorf in Masuren andererseits, resultiert die enorme Spannungsbreite unseres ostpreußischen Familienwortschatzes, der sich hauptsächlich zwischen diesen beiden Polen erstreckt und der vom Litauischen sowie vom Polnischen (über das Masurische) beeinflusst ist.

Der Gegensatz hätte nicht größer sein können. Er bedingt aber auch für Teile dieses Wortschatzes innerhalb des Ostpreußischen eine Rand- bzw. Sonderstellung. Das gilt uneingeschränkt für den Wortschatz meiner Großmutter mütterlicherseits, die aus dem Raum Tilsit stammte und deren memelländisch-litauische Dialektausdrücke ich nur vereinzelt in einem kleinen Speziallexikon gefunden, aber sonst noch nie gehört habe. Insofern sind sie einmalig. Vermutlich sind sie schamaitischen Ursprungs, gehören also zu einem litauischen Dialekt, der in Schamaitia, der ans Memelland nördlich angrenzenden litauischen Provinz, gesprochen wurde, dessen Verbreitungsgebiet im Süden bis zur Memel reichte, zum Teil auch darüber hinaus. Im Laufe der Zeit sind diese auch in Preußisch-Litauen verwendeten schamaitischen Dialektwörter partiell eingedeutscht worden, sie gehören demnach zu einer singulären Mischsprache, die inzwischen vermutlich ausgestorben sein dürfte.

Die oben erwähnte Sonderstellung innerhalb des Ostpreußischen gilt auch für die masurischen Ausdrücke, denn das Masurische wurde auf den Dörfern nur noch von den Alten gesprochen und überlebte bei der mehrheitlich Deutsch sprechenden Bevölkerung lediglich in Spezialausdrücken und Redewendungen. Insofern war auch das Masurische eine aussterbende Sprache.
Neben dem Litauischen und Polnischen haben auch das Russische und das Französische, Letzteres vermutlich über die Hugenotten und Französisch sprechende Schweizer aus dem Jura, ihre Spuren hinterlassen; wo es möglich war, habe ich das im Einzelfall vermerkt. Das Ostpreußische teilt mit dem Russischen den weichen sch-Laut, der zur Musikalität beider Sprachen erheblich beiträgt. Das Französische findet sich in der Sprache meiner Tilsiter Großeltern in Wörtern wie *Perron, Portemonnaie, Trottoir, Kuvert, Chaiselongue, Billett* und *Chaussee.* Wie sie dahin gekommen sind, muss hier zwar offenbleiben, aber dass die Napoleonzeit und der Tilsiter Frieden von 1807 dabei eine Rolle gespielt haben, liegt nahe. Die ostpreußische Mundart speist sich aber noch aus anderen Quellen: dem Holländischen durch entsprechende Zuwanderung im Rahmen der Ostkolonisation, später dann durch holländische Mennoniten, dem Schlesischen und dem süddeutsch-österreichischen Dialekt der protestantischen Salzburger, mit denen Friedrich Wilhelm I., der Soldatenkönig, nach der Großen Pest zu Beginn des 18. Jahrhunderts das leere Land „peuplierte“, und

schließlich sogar dem Englischen durch englische und schottische Kaufleute. Aus all diesen unterschiedlichen Herkünften ist dann aber doch im Laufe der Zeit ein relativ einheitlicher ostpreußischer Dialekt entstanden, allerdings mit deutlichen regionalen Unterschieden, wobei die Affinität zum Litauischen bzw. Polnischen die stärksten Eigentümlichkeiten hervorgebracht hat. Unser kleines Lexikon ist ein beredtes Beispiel dafür.

Das Ostpreußische war gewiss eine derbe und bäurische Sprache, eine Sprache der einfachen Leute, des Volkes eben. Trotz ihrer Drastik ist sie voller Gefühl und Humor, wie das Russische auch, und enthält eine Fülle absolut origineller Ausdrücke. Martin Luther hätte an dieser urwüchsigen und kraftvollen deutschen Mundart bestimmt seine Freude gehabt und ihr Verschwinden hätte ihn betrübt. Sind es doch gerade die Mundarten und das Plattdeutsche, die mit ihrer Volksnähe, ihrer Emotionalität, ihrer Melodik, ihren Lautmalereien eine eigene Sprachfamilie bilden, die durch das blasse und nüchterne Hochdeutsch nicht ersetzt werden können. Viele Ausdrücke sind nicht direkt übersetzbar, weil ein gleichwertiges Äquivalent fehlt, so dass sie wortreich umschrieben werden müssen, andere sind nicht eindeutig, haben mehrere Bedeutungen und je nach Region auch eine andere Lautgestalt. Insofern bedeutet das Fehlen einer ganzen Mundart wie der des Ostpreußischen einen unersetzbaren Verlust an Reichtum und Vielfalt der deutschen Sprache.

Das vorliegende „Wortschatzkästchen“ will sich mit diesem Verlust nicht fatalistisch abfinden, sondern der klangvollen und gefühlsbetonten ostpreußischen Mundart ein kleines Denkmal gegen das Vergessen errichten, damit nicht aus dem Satz „Namen, die keiner mehr nennt“, dem Titel des berühmten Buches der Gräfin Dönhoff von 1962, eines Tages die nüchterne Feststellung werde „Sprache, die keiner mehr kennt.“
Denn die Zukunft – ist offen, oder, wie es bei Arno Surminski am Schluss seines Romans *Sommer vierundvierzig* heißt: „Nur die Geschichte vermag noch etwas zu sagen. Wenn alle Namen vergessen sind, wird sie ein neues Lied anstimmen. Morgen schon, denn die Geschichte ist ohne Ende.“[1]

Das nun folgende kleine „Lexikon“ ist alphabetisch geordnet und enthält nur sehr wenige lexikalische Angaben. Sie beziehen sich hauptsächlich auf die Herkunft aus dem Memelländisch-Litauischen bzw. dem Masurischen.
Nicht wenige Verben enthalten eine Vorsilbe wie z. B. „rum“ in *rumschudneken*. Ich habe die Verben in dieser zusammengesetzten, längeren Form aufgeführt, wenn sie bei uns so auch gesprochen wurden, und nicht in der vielleicht üblicheren Grundform. Manche Verben bilden ein Partizip, das sich als eigenständiges Wort

1 Surminski, Arno: Sommer vierundvierzig, München 2002, S. 443.

etablieren konnte, die habe ich dann zwar extra aufgeführt, aber immer in Zusammenhang mit dem Grundwort, es sei denn, es gibt sie nur in der Form des Partizips wie z. B. bei *bedripst.*

Die Worterklärungen weiten sich manchmal bis zu kleinen zeitgeschichtlichen Kommentaren und Gedichten aus, das entspricht der Absicht, die Wörter mit authentischem Leben zu erfüllen, aber auch der Unterhaltung zu dienen, soweit es dem Zweck der Sache förderlich ist. Die in lockerer Folge an die Worterklärungen angehängten Zitate ostpreußischer oder Ostpreußen nahestehender Schriftsteller ergänzen diesen Aspekt. Auf diese Weise erhält der Leser ganz nebenbei Einblicke in die Kulturgeschichte Ostpreußens und der unmittelbaren Nachkriegszeit.

Jedes Kapitel, das heißt jeder neue Buchstabe in der alphabetischen Reihenfolge, beginnt quasi als Einleitung mit der Aufzählung aller dazu gehörenden Wörter; das soll einerseits dem Überblick dienen, andererseits der Vereinzelung der Wörter durch die reine alphabetische Abfolge entgegenwirken und einen Zusammenhang herstellen.

Bei der Lautgestalt habe ich auf grammatische Aussprachezeichen verzichtet, sondern entsprechende Hinweise in den Text integriert. Das betrifft in erster Linie die weiche Aussprache des s- und sch-Lautes, die sich von unseren Ausspracheregeln grundlegend unterscheidet, betrifft aber auch die Länge oder Kürze von Vokalen oder bei den Konsonanten die Bildung des „ch“.

Die Schreibweise ostpreußischer Wörter ist ein Problem für sich. Da es sich um gesprochene Sprache und nicht um Schriftdeutsch handelt, ist auch die Schreibweise nicht festgelegt, man schreibt im Grunde, wie man spricht, und wenn es dabei Unterschiede gibt, so ist das ohne Belang, es entspricht der Uneindeutigkeit der Sprache selbst.

Klaus Papies, Oktober 2016

Vorwort zur überarbeiteten Ausgabe

Die erweiterte Neuauflage enthält siebzehn neue Begriffe und einige zusätzliche Kommentare, die den literarischen bzw. historischen Kontext an entsprechender Stelle vertiefen. Sonst ist alles so geblieben, wie es war. Möge dem Büchlein der Zuspruch, den es bisher beim Publikum bekommen hatte, auch in der dritten Auflage erhalten bleiben.

Klaus Papies, Juli 2018

Vorwort zur vierten, abermals erweiterten Auflage

Nun geht das „Ostpreußische Wortschatzkästchen“ in die vierte Runde, ein schöner Erfolg für ein Museum der ausgestorbenen ostpreußischen Mundart, denn um nichts anderes handelt es sich ja bei unserem Buche. Zwar sind Ostpreußen und seine Sprache schon lange im Nebel des Vergessens versunken, doch an den Rändern des gesellschaftlichen Bewusstseins blüht es noch ein ganz klein wenig, und das ist viel!

20 neue Begriffe und Kommentare sind hinzugekommen, der zur Verfügung stehende Wortschatz dürfte damit ausgeschöpft sein. Die bewährte Balance zwischen Sachinformation und Unterhaltung ist etwas zugunsten Letzterer verschoben worden, weil Geschichten, authentische oder schön erfundene, einem elementaren Bedürfnis des Menschen entsprechen, mehr als jede Art von Information.

Wenn beim Leser neben der Freude über vergessene und wiederentdeckte Worte auch ein Gefühl der Trauer über den Verlust der warmherzigen und humorvollen ostpreußischen Sprache angesichts der Übermacht des Hochdeutschen und des Englischen aufkäme, dann hätte das „Ostpreußische Wortschatzkästchen“ seinen Zweck mehr als erfüllt.

Klaus Papies, im März 2022

Das Wortschatzkästchen

abfuschern

abgnaffeln

abgnupsen

abknappsen

achottchen achottchen!/

achoi, achoi!

alle ba!

anpremsen

anpummeln

aufdonnern

aufschmettern

auftischen; ausgefressen

auskaddern

ausmolschen

ausputzen

ausspingern

abfuschern ❧ *eine Sache ohne Sorgfalt, also oberflächlich, erledigen, nur damit man schnell fertig wird.*

abgnaffeln ❧ *von einem Knochen das Fleisch mit den Zähnen abnagen, nachdem man mit dem Messer die besten Stücke schon abgeschnitten hat.*

abgnupsen ❧ *eine Tätigkeit unordentlich beenden, z. B. die Frisur verschneiden, indem man zu viel wegnimmt, sodass man unvorteilhaft aussieht und sich am liebsten verkriechen würde.*

abgnaffeln

abknappsen ☙, *vom Munde absparen, sich einen lang gehegten Wunsch durch eisernes Sparen, durch das buchstäbliche Rechnen mit dem Pfennig, erfüllen.*
Wenn man als Jugendlicher in den frühen fünfziger Jahren aufwuchs und die Eltern, weil sie Flüchtlinge aus dem Osten waren, nur über ein sehr schmales Einkommen verfügten, dann war es schon das höchste der Gefühle, wenn man bei einem Kinobesuch („Der Rächer von Texas") vom minimalen Taschengeld noch 10 Pfennig für den Filmprogrammzettel oder sogar 20 Pfennig für ein Wildwestheft der Marke Billy Jenkins oder Tom Prox am Kiosk abknappsen konnte. Für einen Jugendlichen aus unserer heutigen Luxusgesellschaft wahrscheinlich eine Nachricht aus der Älteren Steinzeit.

achottchen, achottchen! / achoi, achoi! ☙ *ostpreußische Form für „Ach, du mein lieber Gott!" oder auch für „Ach Gott ach Gott!".*
Die Verkleinerungsform ist typisch, sie macht auch vor dem lieben Gott nicht Halt.
Eine Variante zu *achottchen* ist die Interjektion *achoi, achoi!*, ein Ausruf des Erstaunens, der ebenfalls „ach Gott, ach Gott!" bedeutet. Herkunft aus dem Jiddischen möglich, aber ungeklärt. Bei beiden Wörtern wird das „ch" ganz tief hinten im Rachen gesprochen.

alle ba! (mas.) ☙ *Donnerwetter!*
Gehörte nicht zum aktiven Sprachschatz meiner Eltern, aber meine Mutter hörte diesen Ausruf in einem

masurischen Dorf von Bauern, bei denen sie zur Miete wohnte. Die Schreibweise ist nur geraten.
Das Masurische wurde von den Alten durchaus noch gesprochen, auch der evangelische Pastor mit dem schönen ostpreußischen Namen Skowronnek hielt in besagtem Dorf seine Predigt auf Deutsch und Masurisch, bis es in der Hitlerzeit irgendwann verboten wurde.

anpremsen ☙ *ein Kleidungsstück anziehen, das eigentlich zu eng ist und somit zu prall sitzt.*
Das geschah in der Zeit nach dem Krieg nicht aus Eitelkeit, sondern weil man nichts anderes hatte.

anpummeln ☙ *ein Kind dick und warm anziehen, sodass es wie ein Pummelchen aussieht.*

aufdonnern ☙ *sich auffallend herausputzen, mit einem Hang zur Übertreibung, der speziell bei älteren Damen leicht zu einem Stich ins Lächerliche führen kann.*
Eng verwandt mit „sich aufzäumen", wobei die Assoziation zum Zirkuspferd nicht weit ist.

aufschmettern ☙ *mit großtuerischer Geste ein prächtiges Gebäude von ziemlicher Größe in kurzer Zeit aus dem Boden stampfen, um die Nachbarn oder die Mitwelt zu beeindrucken.*
Entspringt einem gewissen Prestige- und Protzbedürfnis, wobei Stil und Geschmack der ungenierten Ausstellung des Reichtums eher hinderlich sind.

auftischen ☙ *das Essen auf den Tisch stellen. Nicht identisch mit „den Tisch decken", eher schon mit „anbieten" und „servieren".*
Dieses unscheinbare Wort, das so gar nicht ostpreußisch klingt, hat es dennoch zu literarischen Ehren gebracht, nachzulesen bei Arno Surminski in *Sommer vierundvierzig.* Schauplatz der Handlung ist irgendein Dorf auf der Kurischen Nehrung am Vorabend der großen Katastrophe; im Mittelpunkt steht ein junger Soldat, der bei einer befreundeten kurischen Familie seinen Urlaub verbringt und ausgerechnet hier seiner großen Liebe begegnet, die ihm aber auch Kummer bereitet.
„Das Reiben der Kartoffeln ist das Mühevollste am Flinsenbacken. Huschke sah, wie er litt, und dachte, Kartoffelflinsen seien Medizin gegen Liebeskummer. Als sie auftischte, aß er nur wenig."[2]

ausgefressen ☙ *wohlgenährt, ausgesprochen dick.*
Im Schleswig-Holsteinischen würde man sagen, „gut bei Schick sein", das Ostpreußische ist da drastischer und meint einen Dickwanst oder eine Dickmadam, bei kleinen Jungen oder Mädchen würde man von einem *Prömmel* sprechen, d. h. einem ausgefressenen Dickerchen.
Originalton: „Göring, das dicke Schwein, war ein ausgefressener Kerl."

auskaddern ☙ *kleine Wäsche in der Schüssel mal eben schnell durchwaschen.*

---

2 Surminski, A.: a. a. O., S. 269

ausmolschen ☙ *so richtig faulenzen.*
Wortspiel zwischen faul und faul, d. h. dem Zustand einer schon matschig gewordenen Birne und dem Bedürfnis nach totaler Entspannung. Am besten geht das im Liegen, und zwar in einem bequemen Liegestuhl mit Beistelltischchen und Sonnenschirm an irgendeinem Mittelmeerstrand oder im Strandkorb mit ausgefahrener Fußstütze an der Ostsee. In Ostpreußen war das schon schwieriger, denn die meisten Leute, und hier ganz besonders die Bauernfamilien, hatten gar keine Zeit zum *Ausmolschen*, das ließ der harte Arbeitsalltag nicht zu. Und außerdem entsprach es nicht dem Arbeitsethos der älteren Generation; viele Redensarten belegen das, am besten vielleicht das bekannte Wort „Müßiggang ist aller Laster Anfang".
Heutige Jugendliche würden vom „Chillen", vom „Relaxen" oder vom „Abhängen" reden. So ändern sich die Zeiten.

ausputzen ☙ *sich schickmachen, sich aufzäumen.*
Ein auch heute noch in unserer Familie gebräuchliches Wort, das sogar literarisch hoffähig ist, denn es kommt bei *Jons und Erdme* von Hermann Sudermann vor: „Ausgeputzt sind sie beide."[3]
Auch Papst Benedikt XVI. ist mit diesem Wort schon beehrt worden, denn als ihm während der Messe am Ostersonntag 2011 auf dem Petersplatz in Rom die Mit-

3 Sudermann, Hermann: Jons und Erdme, in: Litauische Geschichten, Stuttgart & Berlin 1922, hier S. 90

ra aufgesetzt wurde, hörte ich bei der Fernsehübertragung den schönen Kommentar: „Jetzt wird der Papst ausgeputzt.“

ausspingern ❧ *verschwenden, Geld nämlich, das heißt, zu viel davon ausgeben oder so sorglos damit umgehen, dass es plötzlich zwischen den Fingern verschwunden ist.* Bezieht sich ursprünglich wahrscheinlich auf Münzen. In diesem lautmalerischen Wort sieht man geradezu noch die Finger der Hand, mit denen die Münzen lose aus der Manteltasche oder aus dem Portemonnaie auf den Boden geworfen werden, und hört ihr helles Klimpern und Klirren.

bedripst

Bedvase

befruntscheln

behumpen

bekneifen

belapsen

belumpsen

besacken

bewetzen

bewiss dich!

Biswurm

Bixen; Bjedä

Bollchen

bubbern

buggern; bullern

Bunschel(-rock)

burbeln

Butsch

bedripst ❧ *verzagt bzw. betrübt sein.*

Bedvase (lit.) ❧ *abfällig für eine weibliche Person.*
Bedvase ist das einzige echte litauische Wort in dieser Sammlung. Das zeigt sich schon an der Aussprache: Das „s" wird nicht weich, wie man es im Deutschen erwarten würde, sondern scharf ausgesprochen, hat also mit unserem Wort „Vase" nichts zu tun. Es stammt aus dem Sprachschatz meiner Tilsiter Großmutter, ist darin aber auch verblieben und von der Familie später nicht übernommen worden, im Gegensatz zu anderen memelländisch-litauischen Ausdrücken.
Grammatisch ist es vom Adjektiv *bedvasis* abgeleitet, dessen Grundbedeutung so viel wie „atemlos, leblos" ist. Aber auch „herzlos, hartherzig" und „geistlos" habe ich gefunden, sowie aus mündlicher, litauischer Quelle die Bedeutung „ohne Seele". Es handelt sich also um ein schillerndes Wort, das zwischen mehreren Aspekten changiert.
Ursprünglich wollte ich dieses Wort gar nicht aufnehmen, da ich es für die euphemistische Umschreibung eines *Pischeltopfes* hielt, der unter dem Bett steht. Dass sich hinter diesem Wort kein Bett und auch kein Nachttopf, sondern ein junges Mädchen bzw. eine junge Frau verbirgt, habe ich nur zufällig erfahren. Mit diesem Hintergrund stieg es in den Rang eines interessanten Wortes auf, das sich der Galerie edler memelländisch-litauischer Ausdrücke für Frauen würdig hinzugesellt, als da wären: *Plerschkutt, Plickduse, Scheipine,*

Zibuische und nicht zu vergessen als Krönung die *dumme Schutt*. Nun also auch noch *Bedvase*.
Die Frage, welche tieferen Gründe hinter dieser Vielzahl abfälliger Bezeichnungen für Frauen eigentlich stecken, muss leider offenbleiben. Aber vielleicht waren sie gar nicht so abwertend gemeint, wie wir es heutzutage mit unserem geschärften Sinn für die Gleichbehandlung der Geschlechter empfinden.

befruntscheln ☙ *sich mit fremden Menschen auf freundschaftliche Weise bekannt machen, wobei es mehr ist als ein höfliches gegenseitiges Vorstellen.*
Gemeint ist keine formale, sondern eine herzliche Form der Kontaktaufnahme, um die Distanz zu einem anderen Menschen möglichst schnell und unkompliziert zu überwinden – vielleicht wie zwei Tiere sich abriechen, um festzustellen, ob das Gegenüber einem freundschaftlich gesonnen ist oder nicht. Man denkt dabei unwillkürlich an das mittelhochdeutsche Wort *friunt*.

behumpsen ☙ *betrügen*.

bekneifen ☙ *sparen*.
Geld nämlich, so als wenn man es mit Macht zwischen Daumen und Zeigefinger festhalten will, im Gegensatz zu *ausspingern*, d. h. verschwenden. Ein sehr bildlicher Ausdruck für *sparen*. Stammt aus einer Zeit, in der die meisten Menschen wenig Geld hatten und Sparen eine Notwendigkeit, aber auch eine Tugend war.

belapsen ❧ *jemanden auf frischer Tat ertapppen, bei einem Fehler erwischen:*
Z.B. der Lehrer den Schüler beim Schummeln während einer Mathearbeit oder beim Übersetzen aus dem Lateinischen mit Hilfe einer Klatsche (kleingedruckte deutsche Übersetzung) unter der Bank.
Kommt wahrscheinlich von lat. lapsus, d.h. Fehler, Versehen.

belumpen ❧ *sich neu einkleiden.*
Der Ausdruck ist schwer zu übersetzen. Man könnte meinen, es ginge um einen armen *Paschenter*, der sich seine armseligen *Plossen* oder Lumpen anzieht. Weit gefehlt! Das Wort bezieht sich auf jemanden, der sich neu einkleidet, nachdem er lange in abgetragener Kleidung herumgeschlunzt ist, sodass es nun wirklich Zeit wurde, diesen Zustand zu ändern.

besacken ❧ *seinen Ärger auf jemandem abladen, bis der Betreffende unter der Last der anklagenden oder vorwurfsvollen Worte zusammengesackt ist. Dann hat man ihn erfolgreich „besackt".*

bewetzen ❧ *die Nägel beschneiden (Finger- oder Fußnägel).*
Dazu folgende kleine, verbürgte Episode: In einer masurischen Dorfschule der späten dreißiger Jahre sieht der Lehrer, wie ein Schüler mitten im Unterricht plötzlich unter der Bank verschwindet und nicht wieder auf-

taucht. ‚Nanu', denkt der verdutzte Lehrer, ‚was ist das?', und fragt den Schüler: „August, was machst du denn da?" Und der antwortet ohne schlechtes Gewissen und in schönstem Deutsch: „Sonst – ich bewetz mir meine Krallen." Man beachte bitte das vorangestellte „Sonst". Was also machte August unter der Bank? Er hatte sich gemütlich hingehockt und bearbeitete mit einem Taschenmesser seine Fußnägel. Schuhe und Strümpfe brauchte er dazu nicht auszuziehen, denn es war Sommer und die Kinder liefen barfuß.

bewetzen

bewiss dich! ☙ *sieh zu, wie du fertig wirst!* (appellativ gemeint).

Biswurm / den Biswurm haben ☙ *den „Biswurm" hat ein völlig nervöser Mensch, der nicht still sitzen kann.* Eigentlich handelt es sich dabei um ein Insekt, das die Kühe unruhig macht. Das „s" wird ganz weich gesprochen.

Bixen ☙ *Hosen, speziell Arbeits- und Alltagshosen.*

Bjedä (mas.) ☙ *Elend oder Armut, bezogen auf Haus und Familie.*
In Masuren gebräuchlich, kommt aus dem Polnischen, wurde *Beschedda* ausgesprochen.
Herrscht *Bjedä*, dann ist kein Geld da, und es gibt nichts Anständiges zu essen, eine wahrhaft „beschissene" Situation, wie es das masurische Wort lautmalerisch andeutet. Die Jahre kurz nach dem Krieg, als die Flüchtlinge und Habenichtse aus dem Osten den „Westen" überschwemmt hatten, waren die Blütezeit der *Bjedä* in Deutschland. Es war die Zeit von *Knagge*, kahlen Fenstern, *Pschetzek, Patscheimer, Schlunzsuppe* und *Schmunzelsoße*, und wenn man als Beamter auf das klitzekleine staatliche Gehalt angewiesen war, das zum Ersten des Monats ausgezahlt wurde, dann war die *Bjedä* in den Tagen nach dem 25. regelmäßig perfekt. Aber wenn man Geige spielte, konnte man sich von den herrlichen Violinsonaten Mozarts über

so manche Untiefen des Lebens sanft hinwegtragen lassen.

Bollchen ❧ *selbstverfertigte „Bonbons". In der Kriegs- bzw. Nachkriegszeit aus Milch, Butter (so man hatte) und Zucker hergestellt, auf ein schwarzes Backblech gestrichen und auf dem Herd steinhart „gebacken" , so dass man eigentlich nur mit einem Schraubenzieher und einem Hammerschlag unregelmäßige Stücke davon abschlagen konnte, die wie scharfkantige Glassplitter aussahen.*
Für uns Kinder mit dem unstillbaren Drang nach Süßigkeiten war das die Seligkeit, und wenn die *Bollchen* zwischen den Zähnen krachten, dann hatte sich das ständige *Prachern* gelohnt und die gestresste Mutter endlich ihre Ruh. Richtige Bonbons oder *Bonschen*, wie man im Hannöverschen sagte, zu kaufen, konnte man sich in einer Zeit, in der man mit dem Pfennig rechnen musste, in der Regel nicht leisten, und so waren die Bollchen der Ausweg aus der Misere.
Ostpreußische Herkunft des Begriffs ist unsicher, ich habe ihn nur von einer einzigen Ostpreußin gehört. Insofern ist es ein ganz seltenes Wort.

bubbern ❧ *klopfen.*
Wenn das Herz bubbert, ist meist große Aufregung im Spiel, das kann vor, aber auch nach einer aufregenden Situation sein. Der lautmalerische Ausdruck bildet das lautlos-dumpfe, aber deutlich zu spürende Schlagen des Herzens, das auch mit einer leichten Angst einher-

geht, sehr viel genauer ab als das nüchterne und breit gefächerte *klopfen.*

buggern ⁂ *stoßen, etwas Festes durch Anstoßen in Bewegung bringen, auch stochern, z. B. mit dem Feuerhaken gegen die zusammengebackene Schlacke im Ofen wiederholt heftig stoßen, um sie hinausbefördern zu können.* Aber eine viel schönere Bekanntschaft mit dem Wort *buggern* konnte man als Junglehrer machen, wenn einen das Schicksal auf ein masurisches Dorf nahe der polnischen Grenze verschlagen hatte, sagen wir mal nach Adlig Kessel oder nach Klein Koslau. Man hatte in der Gastwirtschaft in einem sehr einfach möblierten Zimmer über dem Schankraum Quartier bezogen und bereitete sich in den Abendstunden für den Unterricht des folgenden Tages vor, quinquilierte wohl auch ein wenig auf der geliebten Geige (Mozart vermutlich), nichts Übles ahnend. Währenddessen hatte sich die Gaststube mit trinkfesten Bauern gefüllt, die zu vorgerückter Stunde anfingen zu lärmen und in guter Laune mit dem Besenstiel oder einem Krückstock gegen die Decke *buggerten.* Das war eine unmissverständliche Aufforderung an den „Neuen" im Dorfe, nach unten zu kommen und mit ihnen einen zu trinken. Das hätte aber unweigerlich dazu geführt, eine Runde schmeißen zu müssen und sich somit auf ein gefährliches Spiel einzulassen, denn für solche Extravaganzen war das klitzekleine Gehalt eines Junglehrers nicht geschaffen. Außerdem musste er am nächsten Morgen nüchtern und vorbereitet vor der Klasse stehen, um nicht gleich seinen guten Ruf zu verspielen. Aber das konnte er natürlich so nicht sagen und so blieb ihm nichts anderes übrig, als sich taub zu stellen und die Aufforderung zu überhören, was ihm allerdings übelgenommen werden konnte. Der Schluss der Geschichte ist nicht überliefert, aber man kann ihn sich denken: Der Herr Junglehrer suchte sich schleunigst ein neues gastliches Haus, um nicht noch einmal *angebuggert* zu werden.

bullern ☙ *kräftig klopfen, lärmend gegen etwas schlagen.* Z. B. gegen die Kellertür, wenn man dort aus Versehen eingeschlossen worden ist und voller Wut die Hausgenossen auf sich aufmerksam machen will. Es gibt das Wort aber auch in der Verwendung „der Ofen bullert"; dann knacken und krachen die Holzscheite, mit denen geheizt wird, im Feuer, bis der Ofen glüht.

Bunschel(-rock) ☙ *geschmacklose Kleidung aus billigem Material, grobem Stoff und nicht schön.*
Das „sch" wird auf gut ostpreußische Weise stimmhaft, also weich gesprochen.

burbeln ☙ *bezeichnet das Geräusch kochenden Wassers.* Man hört bei diesem lautmalerischen Wort förmlich das Aufwirbeln und Brodeln der Wasserblasen. Besonders gut zu hören ist dieses Geräusch beim Erhitzen des Wassers mit einem Tauchsieder.

Butsch ❧ *Kuss.*
Der ostpreußische Ausdruck betont nicht so sehr das erotische, sondern eher das zärtliche Moment in dieser Geste der Zuneigung. Das wird besonders deutlich im Wort *abbutschen*. Kleine Kinder werden von ihren Müttern, weil sie so unwiderstehlich süß sind, manchmal von oben bis unten *abgebutscht*.

Dämlak

dammlich

Deez

(beim) Deiwel auf der
Rinn

Dittchen

Dopszottis

drugglich

Dubbas

Dummchen

Dups

Duschak

Dusel

Dussel

Dämlak ☙ *Dummkopf.*
Sehr gängiges ostpreußisches Schimpfwort. Der Ausdruck zielt auf mangelnde Intelligenz ab, ähnlich wie *Duschak.*

dammlich ☙ *ostpreußische Form von dämlich, dumm.*
So wäre ein *dammlicher* Kater ein solcher, der nicht das tut, was man von ihm erwartet, der also nicht auf den Schoß springt oder sofort angelaufen kommt, wenn man ihn ruft.
Aber der Kater kann auch eine Frau sein, und das geht so: Sagt ein alter ostpreußischer Bauer zu seiner Frau, die auch nicht mehr die Schönste ist: „Scheenhäejt verjeht, aber du bist dammlich und das bläeibt."
„Liebeserklärung" auf Ostpreußisch, derb und unverblümt. Auch wenn sie nicht verbürgt ist, könnte sie doch durchaus wahr sein.

Deez ☙ *Kopf,*
den man sich an irgendeinem hervorragenden Gegenstand, den man da nicht vermutet, stößt.

(beim) Deiwel auf der Rinn ☙ *bildlicher Ausdruck für „weit abgelegen".*
Die große Entfernung wird dadurch deutlich, dass dort der Teufel wohnt.
Der Ausdruck bezieht sich auf die Lage eines Hauses oder Gehöftes. Wenn man sagte, „er wohnt beim Deiwel auf der Rinn", dann meinte man ein Gehöft

oder Haus, das weit abseits eines Dorfes in völliger Einsamkeit lag, wo die Wege (keine Asphaltstraßen!) im Frühjahr und im Herbst im Morast versanken, man im Zweifelsfall niemanden nach der Richtung fragen und sich daher leicht verirren konnte. Wurde man dann noch vom Anbruch der Nacht überrascht, die stockdunkel wurde, weil früher auf dem Lande kilometerweit kein Licht zu sehen war, dann konnte einen schon die Angst beschleichen, beim Teufel (mit den drei goldenen Haaren) und seiner Großmutter zu landen, die beim Schein einer Petroleumfunzel auf den späten Gast warteten. Eine unheilschwangere Situation, wie sie für so manches Grimm'sche Märchen typisch ist. Heute gibt es solche Angst einflößende Abseitslage, wie es sie vor etwa hundert Jahren noch überall auf dem Lande gab – man denke nur an einsam gelegene Waldarbeiter- und Forsthäuser, an die Moorkaten im Teufelsmoor bei Bremen oder an einsam auf dem „Abbau" gelegene Gehöfte, wie man das in Ostpreußen nannte –, nicht mehr. Das Gedicht *Der Knabe im Moor* der Annette von Droste-Hülshoff allerdings lebt noch von dieser alten, unheilschwangeren Atmosphäre der Einsamkeit.

Dittchen ☙ *Groschen, Zehnpfennigstück.*
Wenn an einem heißen Badetag in der Nachkriegszeit die aus Ostpreußen stammende Familie am Rand einer ehemaligen Kiesgrube auf der Pferdedecke saß und der Eismann mit seiner fahrbaren Kiste sich näherte, dann quengelten wir Kinder so lange, bis wir das ersehnte

Dittchen für ein Eis erhielten. Bei den einheimischen Familien war das der Groschen, die Standardmünze für die Kinder der Nachkriegszeit.

Dopszottis (mas. vielleicht auch franz.) ❧ *aus Masuren stammende Sammelbezeichnung für „Dummheiten" aller Art aus der Sicht der Erwachsenen, also harmlose Jungenstreiche, Scherze, auch übler Art, Narreteien, Albernheiten, Freude am Unfug und am Unsinn; nur im Plural und ohne Artikel verwendet.*

Dopszottis

Jungen bzw. junge Männer sind ganz besonders anfällig für *Dopszottis.* Ein klassisches Beispiel dafür wären die wilden Eskapaden und übermütigen Bocksprünge, die der englische Prinz Harry in seinem jugendlichen Heldenzeitalter einer amüsierten Öffentlichkeit vorgeführt hat.

Aber das unwiderstehliche Bedürfnis nach *Dopszottis* steckte natürlich auch in den masurischen Dorfbengels, wie folgende authentische Geschichte aus der Familie meines Vaters drastisch vor Augen führt. Nachdem ein Schwein geschlachtet worden war, versuchten die halbwüchsigen Jungens der Familie die aufgeblasene Schweinsblase, in die sie Getreidekörner und einige kleine Kiessteinchen gesteckt hatten, der Katze an den Schwanz zu binden, eigentlich ein aussichtsloses Unterfangen. Gegen alle Wahrscheinlichkeit gelang es ihnen irgendwie doch, und die Katze sauste mit dem klöternden Ballon am Schwanz wie besessen davon. Aber je schneller sie lief, umso lauter wurden die ungewohnten Klötergeräusche, bis sie, halb wahnsinnig vor Angst, sich im Stall verkroch, während die Bengels sich die Bäuche vor Lachen hielten. Das war natürlich ein sehr übler Scherz, im Grunde eine Tierquälerei der hinterlistigen Art, die in diesem Fall durch das positiv besetzte *Dopszottis* verharmlost wird.

Aber auch reife Männer können vom Drang, *Dopszottis* zu machen, heimgesucht werden, z. B. in Form von kleinen Clownerien, Grimassenschneiden, Spaßmachereien und lockeren Sprüchen, bevorzugt in Situationen,

in die ein solches Verhalten nicht passt. Das kann zu einer Lebenseinstellung führen, die dem sogenannten Ernst des Lebens mit einem gewissen Unernst begegnet, der amüsant, aber auch leicht provokant wirken kann. Mozart hatte übrigens einen ausgesprochenen Sinn für *Dopszottis*, allein seine Briefe bezeugen es. Sehr schön dargestellt ist dieser Charakterzug in dem Film *Amadeus*.
Das seltene Wort ist möglicherweise von dem französischen *sottise* (Albernheit, Dummheit) abgeleitet, aber sicher ist das nicht, wie bei allen naheliegenden Assoziationen. Ich habe es nirgendwo verzeichnet gefunden, und es bleibt natürlich die Frage, wie ein solcher französischer Ausdruck nach Masuren gekommen ist. Über die Hugenotten oder Französisch sprechende Schweizer vielleicht? Wie dem auch sei, das Wort *Dopszottis* ist ohne Frage eine Perle von rätselhaftem Glanz im Wortschatzkästchen.

drugglich ☙ *von draller, etwas gedrungener Körpergestalt sein.*
Der Ausdruck wird hauptsächlich bei der Beschreibung von molligen Mädchen verwendet. Er kann aber auch auf untersetzte Männer von gedrungener Körpergestalt bezogen werden. Einen solchen haben wir in Herrn Brosin vor uns, der als Möbelauslieferungsfahrer bei der Firma Gumbold in Hannover angestellt ist, die nur noch ein Schatten ihrer selbst und ihrer vergangenen Größe in Königsberg war. Aber meine Eltern hielten

als gute Ostpreußen diesem Geschäft die Treue und kauften in den fünfziger Jahren hier ihre Nachkriegsmöbel. Eines Tages hielt ein altmodischer, lindgrüner Dreiradkleinlaster vor unserem Schulhause im Landkreis Hannover und der Fahrer, ein rundum sympathischer, quirliger, kleiner *Knubbel*, fragte mich in unverkennbar ostpreußischem Tonfall (ich hielt mich grade draußen auf): „Wohnt hier der Lehrer Pa*pies*“?, wobei er die zweite Silbe unseres Namens kräftig und mit Nachdruck betonte, „die Meebel von Jumbold sind da.“ Sprachs, stülpte sich die schweren Sessel über den Kopf und trug die schwere Last eine lange Treppe bis in den ersten Stock hinauf. Da auch leichte Esszimmerstühle von ungewöhnlicher Form dabei waren, hörte ich ihn zu meiner Mutter sagen: „Gnädje Frau haben sich da aber ’n ganzen frechen Stuhl ausjesucht.“

In dieser kleinen Alltagsgeschichte ist so manches von dem vereint, was das alte, untergegangene Ostpreußen ausgemacht hat: ein warmherziger, freundlicher Bilderbuchostpreuße, der so gar nichts von der Schwerfälligkeit und langsamen Denkungsart an sich hatte, die man dem Ostpreußen nachsagt; die klangvolle Sprachmelodie, die mir zum ersten Mal zu Bewusstsein gebracht hat, wie unser Name richtig ausgesprochen wird, im Hannöverschen herrscht nämlich die Anfangsbetonung, also *Pa*pies statt Pa*pies*, und nur die kannte ich, denn meine Eltern hatten sich in der fremden Umgebung längst resigniert an die Neubetonung gewöhnt. Es gehören aber auch bestimmte lautliche Ei-

genarten dazu, wie das weiche J anstelle des G in Gumbold, ein Laut, der ganz hinten im Rachen gesprochen wird, und für den kein entsprechendes Lautzeichen existiert. Die fast altfränkisch anmutende Höflichkeit im Umgang mit den Kunden, die so gar nichts Künstliches oder Aufgesetztes hat, sondern völlig natürlich daherkommt, und die aus unserer modernen Welt so ganz verschwunden ist, ist wohl auch Teil dieser alten, ostpreußischen Kultur.
Irgendwann gab es Herrn Brosin nicht mehr, und auch das ehemals berühmte Möbelhaus Gumbold ist längst im Schoß der Geschichte verschwunden, aber den Klang unsres überdeutlich ausgesprochenen, ostpreußischen Namens habe ich immer noch im Ohr und nie vergessen, denn er hat mich unüberhörbar mit meiner alten Heimat verbunden.

Dubbas ☙ *Stein, Felsbrocken, auch unförmiger, größerer Gegenstand.*
Bei Günter Grass in sexueller Bedeutung verwendet: „dem Mahlke sein Dubbas …“[4] heißt es dort.

Dummchen ☙ *Anrede für ein kleines Kind, das durch sein drolliges und unvernünftiges Verhalten den Spott und Überlegenheitsgefühle der Erwachsenen provoziert.*
Letztlich ist es ein abwertender Begriff aus der Sicht der Erwachsenen, mit einem leichten Schuss herablassender

4 Grass, Günter: Katz und Maus, München 2006, S. 141

Gutmütigkeit garniert, aber nicht kindgemäß. Dieser ambivalente Charakter des Wortes mit einer stark abwertenden Tendenz und dem verniedlichenden „chen“ am Ende spräche für eine ostpreußische Herkunft des Wortes, das sich später in ganz Deutschland verbreitete. Dieses possierliche Kinderwort hat es zu welthistorischen Ehren gebracht, und zwar in dem Film *Cäsar und Kleopatra* aus dem Jahre 1955 mit Liz Taylor und Richard Burton, wo in einer denkwürdigen Szene Cäsar sich in seiner ganzen römischen Feldherrengröße vor Kleopatra aufbaut und sie von oben herab mit folgenden Worten anspricht: „Hör mal zu, Dummchen …“ Das ist gegenüber der Königin von Ägypten, einer Pharaonin, natürlich eine bodenlose Frechheit, und die kann sich auch nur der große Cäsar in der Gestalt von Richard Burton herausnehmen, ein Macho der Extraklasse, überzeugt von der eigenen Unwiderstehlichkeit und Größe, für den selbständige Frauen die Qualität eines ungezogenen Kindes haben, seien es auch Königinnen. Fehlte nur noch, dass er Kleopatra kurz über sein imperiales Knie gelegt und ihr den Hintern versohlt hätte – wie man das mit einem Dummchen eben so machte, wenn es Widerworte gab. Abgesehen davon ist ihm natürlich nicht entgangen, wen er da vor sich hat: ein kurvenreiches, machtbewusstes Prachtweib, verführerisch, aber auch gefährlich wie eine schöne Schlange. Kurzum, Cäsar zeugt mit ihr einen Sohn, Cäsarion mit Namen, dem aber nur ein kurzes Leben beschieden ist, denn er steht Augustus im Wege.

Bleibt nur noch zu klären, wieso ein solcher Ausdruck ausgerechnet in einen opulenten Hollywoodfilm wie *Cäsar und Kleopatra* hineingekommen ist. Dafür gibt es zwei Erklärungen, die erste: der Übersetzer des Drehbuchs oder auch der Synchronsprecher ist Ostpreuße und kennt den Ausdruck aus seiner Jugendzeit, das wäre die ostpreußische Lösung. Die zweite: Er benutzt ihn, ohne seine Herkunft zu kennen, einfach weil er so schön provozierend wirkt und den sensationslüsternen Massen den Gaumen kitzelt. Das wäre die römische Lösung.

Dups ☙ *Kinderpo.*
Ein etwas prosaisch wirkender Ausdruck für das kindliche Hinterteil. Im Gegensatz zum „Popo", was zärtlicher klingt. Das „u" in *Dups* wird kurz gesprochen.

Duschak / Duzak / Dudszak ☙ *Dummkopf, einfältiger Mensch; ähnlich wie bei „Dämlack" und „Dussel".*
Vielleicht hängt das Wort mit dem russischen *durak* für Dummkopf zusammen, der in den Volksmärchen aus dem alten Russland als *Iwan Durak* eine wichtige Rolle spielt, weil gerade seine „Dummheit" der Grund für sein späteres Glück ist.

Dusel ☙ *Halbschlaf, Benommenheit, Taumel, Schwindel.*
Stammt vom polnischen *duzlak* ab.
Uns interessiert hier besonders der Ausdruck „er hat Dusel gehabt", was so viel heißt wie unverhofftes und

in der Regel auch unverdientes oder unverschämtes Glück gehabt haben.

Dussel ❧ *dummer Mensch, Schafskopf.*
Passt zu *Duschak* und *Dämlack*. Es gibt auch das Adjektiv *dusselig*, speziell in der Redewendung „stell dich nich so dusslig an!"

dwatsch ❧ *verschroben, närrisch, verrückt, toll, albern, verdreht, übergeschnappt, dumm, aber auch närrisch vor Freude.*
Das seltene Wort deckt also ein weites Bedeutungsspektrum eng beieinander liegender Begriffe ab. Literarisch hoffähig ist es allerdings auch: In dem Sammelband *Der Tod von Reval* des baltendeutschen Dichters Werner Bergengruen findet es sich in der Erzählung *Jakubsons Zuflucht*.[5] Das „a" in dwatsch muss lang ausgesprochen werden.
Es gibt auch die originelle Sonderform „äppeldwatsch", d. h. total verrückt.

---

5 In dem Sammelband „Der Tod von Reval" des baltendeutschen Dichters Werner Bergengruen heißt es in der Erzählung „Jakubsons Zuflucht": *Aber es ist dem Hofgerichtsadvokaten nicht genug, den armen Jakubson zu beschimpfen. Auch der Witwe muss er Vorwürfe machen. „Sie dwatsches Frauenzimmer!", schreit er sie an. Und weil ihm einfällt, dass sie ja kein Deutsch versteht, so fährt er in seinem fehlerhaften Russisch fort.*

(W. Bergengruen, Der Tod von Reval, Deutsche Buchgemeinschaft, Berlin und Darmstadt 1954, Seite 100.)

erkubern

erkubern ☙ *sich von einer Anstrengung erholen, aber auch zu vollem Bewusstsein erwachen.*
Das sollte der Feldmarschall Hindenburg – der seit seinem Sieg über die Russen 1914 in Ostpreußen Kultstatus genoss, in seinem pompösen Totentempel in Tannenberg (wenn es nach einem kleinen Vierzeiler ginge, den ein ostpreußischer Gastwirt vermutlich nach Stalingrad dichtete, als den obersten Kriegsherrn das Kriegsglück bereits verlassen hatte). Es heißt dort:

Hindenburg, du edler Streiter
wache auf,
denn dein Gefreiter
weiß nicht weiter.

Aber Hindenburg hatte gar keine Lust, seinen Tiefschlaf um des böhmischen Gefreiten willen, wie er Hitler verächtlich nannte, zu unterbrechen, und so verhallte der Ruf seines getreuen Verehrers an den steinernen Wänden des gewaltigen Totentempels, und das Unheil nahm seinen unaufhaltsamen Lauf bis zum bitteren Ende. Und das kommt alles nur daher, weil Hindenburg sich nicht *erkubern* wollte.

Farin

fisslig

Fladruschen

Flammfladen

Fläz

Flickerkrepsch

Flickerpuppe

Flinsen

Flinsenpfanne

Flochten

Flunsch

fschistko jädno

Fupp

Farin ❧ *feiner, weißer Zucker.*
Dieser Ausdruck wurde in der Familie meiner Tilsiter Großmutter gebraucht. Ein Wort mit fremdländischem, ganz unostpreußischem Klang; vermutlich ist es ein Lehnwort aus dem Französischen (*la farine*) oder sogar direkt aus dem Lateinischen (*farina*), beide stehen jedoch für Mehl und nicht für Zucker. Warum sich dieses seltsam fremde Wort ausgerechnet in Ostpreußen gegenüber dem Zucker durchsetzen konnte, bleibt verwunderlich.

fisslig ❧ *fisselig machen: Jemanden nervös machen, und zwar bis in die Fingerspitzen hinein.*
Der Ausdruck bezieht sich auf komplizierte, Geduld erfordernde Handarbeit, die einen fast verrückt machen kann, z. B. beim *Prudeln*. Dann heißt es, „das macht mich ganz fisselig". Heute würde man vielleicht dazu sagen, „das neeervt mich", wobei der moderne Jargon den Sachverhalt nicht genau trifft.

Fladruschen ❧ *Verzierungen an Kleidern, die da eigentlich nicht hingehören, aber etwas Besonderes sein wollen; im übertragenen Sinn auch feine Staubgespinste, die girlandenförmig von der Decke hängen und ab und zu, wenn es zu arg wird, mit dem Besen heruntergeholt werden.*

Flammfladen ❧ *abwertender Vergleich für eine sehr nachlässige Form des Sitzens, bezieht sich auf Menschen mit einer gewissen Körperfülle.*

Wer wie ein Flammfladen dasitzt, hat es sich wie ein Mehlsack auf einem Sessel, einem Stuhl oder einer Bank bequem gemacht.

Fläz ☙ *ein flegelhafter, sich beim Sitzen hinlümmelnder (sich hinfläzender) Mensch, der in nachlässiger Haltung halb sitzt und halb liegt.*
Die Haltung konnte je nach Situation in ihrer Formlosigkeit provozierend wirken. Eine eher männliche Untugend.

Flickerkrepsch ☙ *Stoffsack für Flicken und Stoffreste, die für eine eventuelle Ausbesserung oder Veränderung von Kleidung darin aufbewahrt und bei Bedarf noch nach langer Zeit gebraucht werden.*
Symbol einer vergangenen Zeit, in der nichts weggeworfen wurde.

Flickerpuppe, auch **Kodderpuppe** ☙ *die Puppe der armen Leute.*
Eine aus Stoffresten und Sägemehl oft selbst hergestellte Puppe, im Gegensatz zu einer aus dem damals modernen Zelluloid, die für viele Familien in der Zeit vor dem Krieg und erst recht in der Nachkriegszeit zu teuer war – von einer Käthe-Kruse-Puppe mit Schlafaugen ganz zu schweigen.
Eine solche Kostbarkeit zu besitzen war damals für kleine Mädchen das höchste der Gefühle, aber oft reichte es nur zur Flickerpuppe.

Flinsen ❧ *dünne Eierpfannkuchen: preiswertes Gericht, besonders der 1950er-Jahre, häufig mit Apfelmus.*
Auch die russischen *blini* gehören hierher.

Flinsenpfanne ❧ *eigentlich: Pfanne zum Zubereiten von Flinsen; im übertragenen Sinn auch gebräuchlich: langstieliger, flacher Nachttopf, wie er in Krankenhäusern verwendet wurde.*

Flochten ❧ *Flügel, aber auch Arme.*
„Die Flochten hängen lassen" heißt mutlos sein, nach einer Niederlage sich in sein Schicksal ergeben und das auch durch eine entsprechende Körperhaltung zum Ausdruck bringen, wie ein nass gewordenes Huhn, das mit hängenden Flügeln unter der Hecke hockt.

Flunsch ❧ *eine Flunsch ziehen Kinder, wenn ihnen etwas nicht schmeckt oder sie etwas machen sollen, was ihnen gegen den Strich geht. Sie verziehen das Gesicht und sind dann gerne mucksch. Starke Ähnlichkeit mit „eine Prußnuss aufsetzen".*

fschistko jädno (mas.) ❧ *egal, macht nichts.*
Entlehnt aus dem Polnischen *wszystk jedno.*

Fupp ❧ *Hosentasche.*
Beispiel: „Wo iss denn der Schlissel, verdammich!" „Wirst ihm all inne Fupp jestäckt haben!"

Gebamsel

glamsrig/glibbrig

glubschen

Glumse

Glumskopf

Glumskuchen

gnatzig

Gniefke

Gnos

grabbeln

grapschen

Graschel

Grauchen

Grumpel

Grutsch

Gebamsel ☙ *eine größere Anzahl von herabhängenden Schnüren, Fäden, Stricken, Riemen, Troddeln, die z. T. miteinander verknäuelt sind und manchmal erst entwirrt werden müssen, also eine Art Gehänge, das sich auf vieles beziehen kann.*
Kommt von baumeln, sich hängend hin-und herbewegen. Da nimmt es nicht wunder, wenn auch die Geschlechtsteile des Mannes, falls sie etwas lang geraten sind, sodass die kurze Sporthose die ganze Pracht und Fülle nicht fassen kann und sie seitlich etwas heraushängen, auf gut ostpreußische Art als Gebamsel bezeichnet werden.

glamsrig / glibbrig ☙ *auf unangenehme Weise feuchtglatt und schlüpfrig.*
Bezieht sich auf Lebewesen und Gegenstände; das kann ein Frosch, ein Fisch oder eine Qualle sein, aber auch die unter Wasser liegenden und lange nicht gesäuberten Treppen einer vernachlässigten Badeanstalt können *glamsrig* sein, sodass man leicht ausrutschen kann. In Norddeutschland würde man dazu glitschig sagen.

glubschen; Glubschauge ☙ *jemanden böse anschauen, auf unangenehme Weise starr blicken.*
Bei *Glupschaugen* treten die Augäpfel hervor. Auch wenn Augen durch eine dicke Brille unnatürlich vergrößert werden, kriegt man *Glupschaugen*, andernorts würde man „Froschaugen“ sagen.

Glumse ☙ *Sauermilchquark, in vielen Haushalten selbst hergestellt, eine typisch ostpreußische Spezialität, in ähnlicher Form auch in anderen Ländern Osteuropas sehr verbreitet, zum Beispiel in Polen und Russland.*

Glumskopf ☙ *Schwachkopf, ein Mensch, der anstelle von „Grütze unter der Mütze“ Quark im Kopf hat.*
Auch eine plumpe und unförmige Form des Kopfes spielt dabei eine gewisse Rolle.

Glumskuchen ☙ *aus Glumse hergestellter Käsekuchen.*
Ein Standarderzeugnis der ostpreußischen Küche, nicht identisch mit einem herkömmlichen Käsekuchen, der mit Speisequark aus dem Supermarkt gebacken worden ist.

gnatzig / vergnatzt / oller Gnatzkopp ☙ *mürrisch, unfreundlich, mit sich selbst unzufrieden, auch maulfaul.*
Nähe zu *mufflig*. Besonders alte Männer, derb gesprochen „alte Kacker, mit denen nuscht mehr los ist“, können leicht gnatzig wirken.

Gniefke ☙ *Geizkragen, jemand, der das Geld bekneift.*
Anscheinend eine männliche Untugend, obwohl es ja die Frauen waren, die mit dem zur Verfügung stehenden Geld haushalten mussten und eher einen Grund gehabt hätten, eine *Gniefka* zu werden – ein Wort, das es jedoch nicht gibt. Aber vermutlich wurde der männliche Ausdruck für beide Geschlechter ver-

wandt, es sei denn, es gab in Ostpreußen keine geizigen Frauen.

Gnos ❧ *kleines Kind.*
Das „s“ muss unbedingt weich gesprochen werden. Dieses schöne Wort hat übrigens Eingang in die hohe Dichtung gefunden, denn es gibt eine ostpreußische Fassung des letzten Wortes in der vierten Zeile der vierten Strophe von Ludwig Uhlands *Des Sängers Fluch.* Hier zunächst das Original:

Der Alte mit der Harfe,
der saß auf schmuckem Roß,
es schritt ihm frisch zur Seite
der blühende Genoß'.[6]

Sehr viel passender wäre statt des etwas hochgeschraubten „Genoß'“ das mehr volkstümliche *Gnos*, wie ich es von einem Ostpreußen, der Sinn für derartige verbale Spielereien hatte, gehört habe. Es hieße dann:

es schritt ihm frisch zur Seite
der blühende Gnos.

grabbeln / begrabbeln ❧ *wie ein Kind alles mit den Fingern anfassen und betatschen.*

grapschen ❧ *zielgerichtet und entschlossen zugreifen.*
Das Wort „Busengrapscher“ scheint keine ostpreußische Erfindung zu sein, die Sache selbst aber war

6 Uhland, Ludwig: Werke in vier Bänden, hier: Band 1, Sämtliche Gedichte, München 1980, S. 252

durchaus bekannt, wie es das berühmte Mundartgedicht *Das Flohche* auf gut ostpreußische Art und Weise zum Ausdruck bringt:

„Drum grapscht er längs em Medalljong
Tief rein in ihrem Busen."[7]

Graschel ❧ *kleiner, in der Pfanne gebratener Pfannkuchen.*
Variation zu Flinsen, z. T. mit streichholzartig geschnittenen Apfelstückchen, sehr lecker. Auch hier muss ein weiches „sch" gesprochen werden.

Grauchen ❧ *grünlich-braune, unansehnliche, aber wohlschmeckende, kleine Birne, die andernorts Grisebirne genannt wurde.*
An dieser Stelle merkt man sehr deutlich, dass die ostpreußische Verkleinerungsform im Gegensatz zum sachlich-nüchternen Hochdeutsch auch ein Ausdruck von menschlicher Wärme und liebevoller Zuneigung ist, die sich von einer unansehnlichen Birne nicht abschrecken lässt. Gut muss sie allerdings schmecken.
Das Wort *Grauchen* taucht in der Zusammenstellung von *Grauchen und Braunchen* auch in der berühmten Sammlung russischer Volksmärchen von Afanasjew auf, aber hier sind es keine wohlschmeckenden Birnen, sondern feuerspeiende Zauberpferde, die nichts „Sü-

7 Lau, Alfred (Hrsg.): Humor aus Ostpreußen, Plachandern und Quiddern, Rautenberg 2003, S. 179

ßes“ an sich haben, echtes, furchteinflößendes Russland eben, trotz der Verkleinerung.[8]

Grumpel ☙ *Exkrement.*
Kleine runde oder längliche, aber feste Kötel. Der Form nach den Schafsköteln ähnlich, nur größer und seidenmatt glänzend, die vorzugsweise von kleinen Kindern zur Freude der Eltern ins Töpfchen gelegt werden.

Grutsch ☙ *abschätzig für eine dicke Eintopfsuppe, die nicht schmeckt, manchmal auch ein wenig angebrannt ist.* Für Kinder in der Nachkriegszeit eine Anfechtung.

---

8 A. N. Afanasjew: Russische Volksmärchen, ausgewählt und übersetzt von Swetlana Geier, Winkler Verlag München, 1989, S. 116.

hacheln

Heemske

herumkarjolen

herumscharwenzeln

hubbern

hucken

Hundsbud

hacheln ❧ *nach etwas langen, vor allem von Katzen, wenn sie z. B. versuchen, mit ausgestreckter Pfote etwas zu erreichen, etwa eine Kugel vom Weihnachtsbaum oder ein extra hochgehaltenes leckeres Schmeckhäppchen.*

Heemske ❧ *ursprünglich Ameise; im übertragenen Sinn ein kleiner, schwächlicher Mensch, dünn wie ein Hemd, ein Hänfling, ein Spucht.*

herumkarjolen ❧ *mit einem Gefährt ohne Sinn und Ziel, aus Übermut oder reinem Vergnügen und in hohem Tempo umherfahren.*
Das kann mit einem Dreirad, einem Rad oder auch einem hölzernen Handwagen älterer Bauart geschehen, in den man sich, wenn die Straße bergab führte, hineinsetzen, die Deichsel zum Lenken zwischen die Füße nehmen und dann möglichst mit Karacho runtersausen konnte. Nicht ungefährlich, denn bremsen konnte man nicht. Eine frühere Form der Freizeitbeschäftigung für Kinder und Jugendliche.

herumscharwenzeln ❧ *aus unterlegener Position um eine höhergestellte Person, von der man etwas für sich erhofft, dienstbeflissen und geschäftig „herumtanzen" oder herumschleichen mit dem einzigen Ziel, Aufmerksamkeit für die eigenen Belange zu erregen.*
Im Sprachgebrauch unserer Familie, und da besonders des Tilsiter Familienzweiges, ging es bei diesem Wort eher um das Verhalten zwischen Jungen und Mädchen

im oben beschriebenen Sinn. Wohl kein genuin ostpreußisches Wort, aber dort gebräuchlich.

hubbern ❧ *leicht frieren, frösteln.*
Wenn man als Kind oder Jugendlicher etwa beim Baden zu lange im Wasser gewesen ist und nun mit einer Gänsehaut und blauen Lippen dasteht und zittert. Nur gut gepolsterten Dickerchen passiert das nicht.

hucken ❧ *zufrieden dasitzen, auch hocken.*
Etwa von Hühnern auf der Stange; *hucken und klucken* als Ausdruck für längeres und gemütliches Sitzen. Literarischer Beleg im Mundartgedicht *Das Flohche*:

„Se huckten friedlich aufe Bank,
Der Mond kickt durche Wolken,
Er hädd dem Schweinstall ausgemist
Und sie de Kuh gemolken".[9]

Es gibt auch das Kompositum *huckenbleiben*. Das meint aber nicht das Sitzenbleiben in gemütlicher Runde, obwohl es längst Zeit wäre aufzubrechen, sondern steht für den höchst ungemütlichen Vorgang des Sitzenbleibens in der Schule.

Hundsbud; sie kuckt wie ausse Hundsbud ❧ *eigentlich Hundehütte.*
Doch die Redewendung *Sie kuckt wie ausse Hundsbud* ist viel mehr, nämlich einer dieser wenig schmeichel-

9 Lau, A. (Hrsg.): a. a. O., S. 178

haften und schwer zu erklärenden ostpreußischen Vergleiche, hier für ein junges Mädchen oder eine junge Frau, deren Haare – eigentlich müsste man *Kudlus* sagen – füllig, aber unordentlich um den Kopf herumhängen und mit einem tief liegenden, nach innen gekämmten, wuscheligen Haarwulst den größten Teil der Stirn bedecken. Das Gesicht wirkt dann so, als sei es schlecht gerahmt bzw. zu einem kleinen Ausschnitt verengt. Was das aber mit einer Hundehütte und einem jungen Mädchen, das in derselben sitzt und wie ein Hund herausschaut, zu tun hat, bleibt unerfindlich, aber die Sache wird auch nicht verständlicher, wenn der Hund in der Hütte sitzt und so herausschaut, als wäre er ein junges Mädchen mit unordentlichen Haaren. Wunderbares Ostpreußen!

I wo wer(d) ich

I wo wer(d) ich ❧ *Ausdruck entschiedener Verneinung.* In etwa: „Wo denkst du hin?“ Oder: „Ich denke gar nicht daran, etwas Bestimmtes zu tun …“

jankern

Jungchen

jankern ❧ *starkes Verlangen nach einer ganz bestimmten Speise oder einem Getränk, förmlich danach lechzen, einen Jibber (Jib) auf etwas haben.*
Das Jankern nach sofortigem Genuss, z. B. nach Kaffee, habe ich auch in dem originellen Ausspruch *mir kaffert schon jedes Knochche* gehört.

Jungchen ❧ *in ganz Ostpreußen verbreitete Bezeichnung für Jungen, in erster Linie für Kinder, aber auch für Jugendliche.*
Durch die Hinzufügung der Verkleinerungsform entsteht aus dem neutralen, hochdeutschen Wort *Junge* etwas ganz anderes, nämlich ein typisch ostpreußischer, gefühlvoller Ausdruck, wobei der warmherzige Grundton, der auch eine zärtliche Nuance mit einschließt, das Entscheidende ist. Besser kann man den Unterschied zwischen Hochdeutsch und der ostpreußischen Mundart nicht illustrieren.
Aber auch auf alte Männer kann dieses schöne Wort angewandt werden, so geschehen bei einer Paddeltour auf der Krutinna, als beim Zuwasserlassen der Boote einer aus der Gruppe von einem professionellen Kahnschiffer, der mit zwei Spießgesellen an der Brücke über den Fluss saß, mit folgenden Worten angesprochen wurde: „Jungchen, willst staken?“ Der so Angeredete war immerhin ein 78-jähriger, alter *Knacker*, der das aber gern gehört hat, denn es war wie ein Gruß aus der alten Heimat. Und so antwortete er freundlich: „Nei, muss paddeln!“

Es gibt das Wort *Jungchen* auch in einer originellen Sonderform, nämlich als *Wasserjungchen*, ein selbst erfundener Ausdruck für einen kleinen Jungen, der vom Baden in einem der zahllosen ostpreußischen Seen nicht genug kriegen kann und dem dafür von seiner Tante der Rang eines *Wasserjungchen* verliehen wird, nur mit der Erhebung in den Adelsstand vergleichbar, allerdings auf ostpreußische Art.

Kaburr; Kacker, alter;
kadakschen; Kaline; Kalus(e);
Kaluseninker; karäsig;
Katzkeles; Kaventsmann;
Keilchen; Keuchel;
klabastrig; klatrig; Klops;
Klumpatsch; Klumpen;
Klunker, alte; Klunkersuppe;
Knagge; knauen; Knubbel;
Köckels; koddrig;
Kokoschinski; Koppche;
koppheister; krängeln;
Krät; krauchen; Kredenz;
kreipieken; kriejullen;
Kringel; Krinschullek;
krischeln; Krunschellöckchen;
Kruschke; Kuckel; Kudlus;
Kuffchen; kullern

Kaburr ❧ *luftiger und mobiler Hühnerkäfig, manchmal nur aus Draht und versetzbar, also kein fest eingebauter Hühnerstall.*

Kacker, alter ❧ *Sammelbezeichnung für alte Männer, mit denen nuscht mehr los ist.*
Nackt und unverhüllt wird diese Tatsache unbarmherzig auf den Punkt gebracht. *Sich bekacken* gibt es auch, und zwar in der Bedeutung „zu viele Umstände machen" oder zu große Skrupel haben, bevor man eine Sache anfängt.

kadakschen ❧ *ein Geräusch der Hühner beim Eierlegen.*
Diese erheben ein ganz typisches Geschrei, das mit einem hohen, fast schrillen Ton endet. Das lautmalerische Wort, das auf der zweiten Silbe kräftig betont wird, macht diese Tonfolge nach.

Kaline ❧ *allgemein für eine Frau, leicht grob, aber nicht wirklich herabsetzend.*
Dazu folgendes Beispiel aus der Nachkriegszeit: Die Mutter erwartet im Beisein ihrer kleinen Tochter die Milchfrau und fragt ungeduldig: „Wann kommt denn endlich die Kaline mit der Milch?" – Beim nächsten Mal begrüßt die Kleine die *Kaline*, als sie endlich kommt, fröhlich mit diesem Satz und erzählt stolz, dass er von ihrer Mutter stammt. Die Milchfrau ist leicht irritiert, denn sie versteht den Ausdruck *Kaline* nicht, wittert aber unwillkürlich etwas Despektierliches.

Kalus / Kaluse ☙ *Gefängnis, literarisch hoffähig.*
Das Wort wird auf der zweiten Silbe betont, das „u" wird ganz lang und das „s" am Ende ganz weich gesprochen. Es kommt in Bobrowskis *Levins Mühle* mit folgendem Satz vor: „Aber wieso komm ich dann in die Kaluse?", fragt Habedank.[10]

Kaluseninker ☙ *Gefangener, also jemand, der in der „Kaluse huckt" und darauf lauert, freigelassen zu werden.*
So, wie es die schöne Verbindung von *hucken und klucken* gibt, so auch die nicht weniger originelle von *hucken und lauern.*

karäsig ☙ *Vorwitzig, übermütig, vorlaut; ähnlich wie „kiewig".*

Katzkeles (mld.-lit., vielleicht jiddisch) ☙ *leichte Schuhe zum Tanzen, mit einem Ausschnitt über dem Spann und flachem Absatz.*
Die Schreibweise richtet sich nur nach der Aussprache; ob der Ausdruck etwas mit Katzen zu tun hat, wie er suggeriert, ist sehr zweifelhaft, aber auch nicht ausgeschlossen. Die Betonung liegt eindeutig auf der ersten Silbe, die beiden folgenden Silben werden kurz gesprochen.
In einem kleinen Bauerndorf ein paar Kilometer südlich von Tilsit, in dem noch Litauisch gesprochen wur-

---

10 Bobrowski, Johannes: Levins Mühle, Frankfurt 1970, S. 102

de, möchten drei halbflügge Mädchen, vielleicht 15 oder 16 Jahre alt, in die Stadt zum Tanzen gehen, wahrscheinlich am Sonntagnachmittag, vielleicht auch am Samstagabend. Es mag ungefähr um das Jahr 1900 herum sein. Doch die puritanisch-fromme Mutter verbietet ihren Töchtern aus religiösen Gründen, aber auch aus Angst, diese könnten ihren guten Ruf verlieren und als *Rumtreibersche* abgestempelt werden, das Tanzvergnügen mit der Begründung: „Tanzen ist Sünde." Die drei *Marjellens* aber warten eine günstige Gelegenheit

ab, krabbeln durch ein Fenster ins Freie, nehmen ihre *Katzkeles* in die Hand und gehen zum Tanzen. Was für ein Nachspiel dieses Abenteuer hatte, ist nicht überliefert.

Ganz seltenes, aus dem Sprachschatz meiner Tilsiter Großmutter stammendes und dort auch verbliebenes, sonst nie gehörtes Wort.

Memelländisch-litauisch, vielleicht aber auch jiddisch. Es wäre in diesem Fall ein Beispiel für die multiethnische Sprachenvielfalt im Memelgebiet.

Kaventsmann ❧ *Gegenstand von beeindruckender, aber unspezifischer Größe, wie „Dubbas".*

„So ein richtiger Kaventsmann" hörte ich einmal eine alte Ostpreußin über eine Frau von gewaltiger Körperfülle sagen, die leidenschaftlich gerne kochte und backte, was für sie selbst nicht ohne Folgen blieb.

Keilchen ❧ *kleine, längliche Kartoffelklöße.*

Sie wurden aus rohen, geriebenen Kartoffeln geformt, in Wasser gekocht, mit ausgebratenem Speck (*Spirgel*), angebräunten Zwiebeln und einer Art Speckstippe zu Mittag gegessen. Als Kind hat mich dieses Essen nicht gerade begeistert, heute würde ich das anders sehen. Im Grunde war es ein Armeleuteessen, das fast nichts kostete, und darauf kam es in der unmittelbaren Nachkriegszeit an. Das Gericht an sich ist aber viel älter und gehört zu den zahlreichen einfachen, aber schmackhaften Gerichten der alten deutschen Küche, die allerdings zeitaufwendig waren, denn alles wurde ja von Hand gemacht. Heutzutage sind sie praktisch ausgestorben, wie schade, aber mit der Berufstätigkeit der Frau lassen sie sich schlecht vereinbaren, außerdem hat sich der Geschmack gewandelt und die schnelle ausländische Küche ist gefragt, *fast food* eben, zum Stehen oder Gehen. So ändern sich die Zeiten.

Keuchel ❧ *Küken.*
Manchmal wurden sie in einem Karton unter den Herd gestellt, wenn es sich um einen Emailleherd mit hohen „Füßen" und nicht um einen gemauerten Küchenherd handelte. Das geschah in erster Linie nicht aus Tierliebe, sondern um ihnen die nötige Wärme zu geben und um sie im Auge zu behalten, denn der Hühnerstall bzw. die Scheune, wo die Hühner ihre Nester hatten, waren unsichere Orte. Dass die *Keuchel* auch durch die Küche rannten, ist bei ihren unerfreulichen Hinterlassenschaften eher unwahrscheinlich.

klabastrig ❧ *gebrechlich, klapprig, nahe am Zusammenfallen.*
Kommt von *Klabaster*, womit ein klappriger Gegenstand gemeint ist, es kann aber auch ein hinfälliger, alter Mensch sein.

klatrig ❧ *schmutzig, dreckig, ärmlich, elend.*
Wird von Menschen und Dingen gesagt. So kann ich mich *klatrig*, also schlecht oder elend, fühlen. Aber

auch ein kleiner Bauernhof kann *klatrig* sein, womit eine Mischung aus ärmlich und dreckig gemeint ist.

Klops ❧ *ein runder Kloß aus mürbe geklopftem, fein gehackten Rindfleisch, der mit Zwiebeln, Reibebrot und Ei vermengt, in langer, süß-saurer Soße aus Milch, saurer Sahne und Zitrone gekocht wird, dazu werden Salzkartoffeln gereicht, die am Rand ruhig ein wenig mehlig sein dürfen.*
Das sind die berühmten Königsberger Klopse, die in Ostpreußen auch *Saure Klopse* genannt wurden. Sie sind das einzige ostpreußische Gericht, das sich überall in Deutschland verbreitet hat, heutzutage allerdings in etwas variierter Form mit einer langen Kapernsauce. Auch wenn das schöne, alte Königsberg (auf ostpreußisch *Keenichsbarch*) untergegangen ist, so lebt es doch wenigstens auf der Speisekarte vieler deutscher Restaurants weiter fort.

Klumpatsch ❧ *Haufen wertlosen Zeugs, zu einem ununsehnlichen Klumpen geballt, der nur darauf wartet, weggeschmissen zu werden.*
Nicht nur in Ostpreußen verbreitet.

Klumpen; die Klumpen zur Sonne strecken ❧ *Klumpen sind Holzschuhe.*
Den Ausdruck *die Klumpen zur Sonne strecken* glaube ich von meinem Vater gehört zu haben, und zwar in dem Sinn von „alle viere von sich strecken“, d. h. sterben.

Die Suche nach Belegen für dieses schöne Sprachbild war von allen hier versammelten Begriffen die langwierigste. Auch die Vermutung, es könnte sich vielleicht um einen Jagdausdruck bei Hermann Löns handeln, den mein Vater öfter zitierte (so z. B. aus *Mümmelmann*), bestätigte sich leider nicht. Allerdings erhielt ich rein zufällig und von ganz unbekannter Seite den Hinweis, dass diese Redewendung auf dem Lande in veränderter Form und auf Platt durchaus gängig gewesen sei, und zwar in der Gestalt *de Klompe oppsette*, also die Klumpen umdrehen als Ausdruck für Sterben. Das ist zwar nicht dasselbe und es ist auch nicht so ausdrucksvoll wie „die Klumpen zur Sonne strecken", aber beide Redewendungen sind Variationen des gleichen Themas und im Kern identisch. In seiner drastischen Bildlichkeit, die das Wesentliche ungeschminkt und originell zur Sprache bringt, verkörpert dieser bizarre Ausdruck echtes Ostpreußen.

Klunker, alte *abfällige Bezeichnung für eine ältere oder alte Frau und keineswegs für protzige Schmuckstücke aus Familienbesitz.*
Es handelt sich dabei um eine Mischung aus mehreren Bedeutungsnuancen: einer derben Emotionalität mit einem burschikosen, abschätzigen Unterton, aber ohne beleidigende Absicht, obwohl es so verstanden werden kann. *Klunker* zählt zu den Wörtern, die kaum übersetzbar sind und die nur im Rahmen der ganzen Sprache und der in ihr zum Ausdruck kommenden Mentalität richtig verstanden werden können. Nicht zu

Unrecht wird dem Preußischen ja ein rauer Umgangston zugeschrieben.

Klunkersuppe ❧ *Milchsuppe, in der kleine Mehlklößchen mitgekocht wurden und die mit einer Scheibe Brot zum Frühstück gegessen wurde.*
Man konnte das Brot auch in kleinen Stückchen in die Suppe einbrocken, das wurde dann *einbrocheln* genannt.

Knagge ❧ *Garderobenbrett mit mehreren Haken.*
In der unmittelbaren Nachkriegszeit ersetzte die *Knagge* für so manche Flüchtlinge den Kleiderschrank. Zuordnung allerdings unsicher.

knauen ❧ *Katzen miauen in Ostpreußen nicht, sondern sie „knauen", besonders draußen vor der Tür.*
Dann sagt das Kind: „Katze, komm rein, iss kalt."

Knubbel, auch **Gnubbel** ❧ *kleine harmlose Verdickung, Geschwulst oder Beule, die naturwüchsig zum körperlichen Erscheinungsbild gehört, aber keine Warze ist.*
Auch eine kleine Person, Mann, Frau oder ein dicker, zu kurz geratener Junge kann ein *Knubbel*, *Gnubbel* oder *Knubbelchen* sein, (siehe auch Stichwort *drugglich*). Kommt wahrscheinlich von Knopf oder Knoten. Wird bei Surminski und Liedke erwähnt.[11]

---

11 Kommt bei Arno Surminski in seinem Buch „Polninken" vor und zwar als Beule auf dem Kopf eines deutschen Soldaten im Ersten Weltkrieg, der in Ostpreußen von einem

Köckels ☙ *Hühner.*
Ob dies ein selbst erfundener oder echter ostpreußischer Ausdruck ist, konnte ich nicht feststellen. Auf jeden Fall habe ich ihn außerhalb unserer Familie noch nicht gehört.

koddrig ☙ *sich sehr unwohl fühlen.*
Aufgrund von Krankheit, übermäßigem Alkoholgenuss oder einer Schwangerschaft. „Na, wie jeht?" „Wie soll jehn? Koddrig."

Kokoschinski; mein lieber Kokoschinski (mas.) ☙ *Masurisch-ostpreußische Variante zu „Mein lieber Herr Ge-*

Schrapnell getroffen wird. Auf dem Verbandsplatz erzählt er auf ostpreußische Art, wie es passiert ist: „Ich bekam eine aufm Deetz und war gleich wie besoffen. Als ich am Kopp rumgrabbelte, war da so ein Knubbel." Wie man sieht, hilft ostpreußischer Humor sogar im Krieg, solange er nur zu einem Knubbel am Kopf führt.
(Arno Surminski, Polninken oder eine deutsche Liebe, Hoffmann und Campe 1984, Seite 32)

Aber auch in dem Ostpreußenbuch „Die versunkene Welt" von Klaus-Jürgen Liedtke taucht ein Knubbel auf: „Der Otto Steinke war ziemlich groß und die Wilhelmine ein Knubbelchen, und sie lebten wie ein Ehepaar aus der Bibel bei Paulus, das am selben Strang zog." Mit diesem bildhaften Ausdruck wird alles Wesentliche über Wilhelmines Gestalt gesagt, die entsprechende hochdeutsche Umschreibung würde nüchterner ausfallen und wäre längst nicht so schön, weil die Gemütswerte fehlen.

sangverein!" oder „Mein lieber Spitz!" oder „Jesses Maria und Josef!" oder auch nur „Donnerwetter!".
Es ist ein Ausruf der Erleichterung darüber, dass man eine Gefahr ohne Schaden zu nehmen gerade eben überstanden hat, es kann aber auch ein Ausdruck der Verwunderung bzw. des fassungslosen Erstaunens sein. So kann einem zum Beispiel beim Anblick so manchen gewaltigen Bierbauches in der Sauna schon mal der Ausruf *mein lieber Kokoschinski!* ungewollt entfahren.
Wer dieser sagenhafte *Kokoschinski* nun gewesen ist, vielleicht ein besonders schlitzohriger Pferdehändler auf den Viehmärkten der masurischen Landstädtchen, der quasi in den Rang eines „Lokalheiligen" aufgestiegen war und wie ein Schutzpatron angerufen wurde, ist mir zwar nicht bekannt, auf jeden Fall aber hat er einen jener schönen Namen, für die Ostpreußen berühmt war und an denen man noch heute einen Ostpreußen erkennt. Die folgende kleine Kollektion enthält einige besonders markante Beispiele:
Da gab es den berühmten Kaludrigkeit, den Skowronnek, den Skrotzki, die Familie Sausmikat, die Gebrüder Sosnowski, die Else Poplies und das Fräulein Kakschies, den alten Lehrer Mauruschat, die Koslowski, die Petereit, die Jaschinski und Laschinski, den Katschmarek und schließlich den Jurkschies, den Waschkies und den Willy Waschkuhn aus Willudden.

So originell wie die Familiennamen waren auch die alten ostpreußischen Ortsnamen vor der Germanisie-

rung des Jahres 1938. Die Nationalsozialisten wollten damit den seit jeher deutschen Charakter Ostpreußens dokumentieren, tatsächlich handelte es sich um eine Geschichtsfälschung, denn die so eigenartig und urwüchsig klingenden Namen waren das Produkt einer Mischbevölkerung mit starken litauischen, masurisch-polnischen und sogar noch prussischen Wurzeln, die sich über Jahrhunderte entwickelt hatte. Diese fremdländisch klingende Herkunft wollten die Nationalsozialisten auslöschen, und das ist ihnen auch weitgehend gelungen. Aber in unser „Wortschatzkästchen" gehören sie unbedingt hinein, denn sie sind authentisches, altes Ostpreußen, ein echter Wortschatz. Stellvertretend für alle anderen sollen hier einige besonders schöne Exemplare stehen:
Przytullen, Tollmingkehmen, Lasdinehlen, Coadjuhten, Girreningken, Bendiglauken, Karwaiten, Kaszemeken, Kerkutwethen, Willkischken, Rudczanny, Paprottken, Klein-Jagodnen, Szillen, Groß-Pillaken, Canditten, Schreitlauken, Qittainen, Baltruscheiten, Pogorzellen, Uszballen, Chmielewen, Pillkallen, Stallupönen, Petrikatschen,Wilpischen, Wicknaweitschen, Plimballen, Grumbkowkaiten, Dräweningken und Schwirgallen.

Koppche ☙ *Verkleinerungsform für Kopf, ohne zum Köpfchen zu werden, etwa in der Form: „Hast du nichts auffe Koppche?" Das Wort hat also nichts mit dem niederländischen „kopje koffie" zu tun.*

koppheister ❧ *kopfüber.*
Gebrauchsformen: *koppheister,* d.h. über Kopf gehen, oder einen *Koppheister* schießen, d.h. einen Purzelbaum schlagen.

krängeln ❧ *sich um sich selbst drehen.*
Bei Katzen häufig zu beobachtende Verhaltensart, zu der eine Drehbewegung gehört.

Krät ❧ *Schimpfwort mit breit gefächertem Radius.*
Stammt aus dem Sprachschatz meiner Großmutter und konnte sich auf alles Mögliche beziehen, vom ungezogenen Kind bis zum Floh, siehe das Gedicht *Das Flohche.* Es heißt dort:

„Mit eins da sagd se:
Heer mal auf,
Mir scheint, mir beißt e Flohche."
„Nanu", sagd er, „an welche Stell?
Emmend wo am Popoche?"
„I wo, hier vorne inne Blus
Da scheint der Krät zu hucken."[12]

Das Wort gibt es auch als Adjektiv, etwa in *du krätscher Hund. Krät* soll von Kröte abstammen, erinnert in der Lautgestalt aber auch an das französische *Kretin.*
Hitler war gewiss ein *krätscher Hund* (ein verrückter, unsympathischer Kerl). Ob aber meine Tilsiter Großmutter, die Hitler nicht leiden konnte, ihn als einen

12 Lau, A. (Hrsg.): a. a. O., S. 178 f.

solchen bezeichnet hat, ist nicht sicher, es wäre aber gut möglich. Damit gehörte sie zu einer kleinen Minderheit, denn bei seinen Fahrten durch Ostpreußen war Hitler wie ein Messias empfangen worden und die Führergläubigkeit war gerade hier sehr groß. Das änderte sich erst etwas, als ihn seit Stalingrad das Kriegsglück verließ.

krauchen ☙ *kriechen.*
Bezieht sich aber nicht auf Kriechtiere, sondern auf alte Menschen, häufig krummbeinige alte Frauchen, die sich mühselig und schwerfällig über die Erde schleppen.

Kredenz ☙ *Anrichte.*
Halbhohes Möbelstück aus der bürgerlichen Wohnkultur der Zeit vor dem Ersten Weltkrieg, kam aber auch in einfacheren Häusern vor. So erwähnt Ulla Lachauer eine *Kredenz* in der Küche von Lena Grigoleit, die in bescheidenen Verhältnissen auf dem Lande lebte. Ihren literarisch angemessenen Platz hätte eine *Kredenz* in einem Gesellschaftsroman des 19. Jahrhunderts, etwa bei Hedwig Courths-Mahler oder Theodor Fontane.

kreipieken (mld.-lit.) ☙ *sich neugierig verhalten.*
Ähnliche Bedeutung wie *rumschudneken*, aber mit einem etwas negativeren Beigeschmack, nämlich seine Nase überall hineinstecken, wo sie nicht hingehört.

kriejullen (mld.-lit.) ☙ *kreischen, juchzen.*
Drei krätsche Marjellens kriejullen beim Baden an einem heißen Sommerabend in einem Seitenarm der Memel. Sie tauchen nackt und mit nassen Haaren wie junge spielende Fischotter im Wasser auf und nieder und spritzen sich gegenseitig bis zur Erschöpfung ab. Dabei erheben sie ein schrilles Geschrei und Gejuchze in höchster Tonlage, wie nur junge Mädchen es können, Ausdruck größter Lebensfreude. Das ist „kriejullen", ein sehr originelles, lautmalerisches Wort, in dem beide Anteile, das Kreischen und das Juchzen, klangvoll miteinander verbunden sind. Zugleich enthält das Wort die ganze Natürlichkeit und Naturverbundenheit junger Leute in einer Welt, die noch nicht von der Technik dominiert war.

Kringel ☙ *kleines, ringförmiges Gebäckstück.*
Es wurde, oft auch mit Schokoladenstreuseln verziert oder als Schokoladenkringel veredelt, mit einem Nähgarnfaden als Weihnachtsschmuck an den Tannenbaum gehängt. Die Krone der Weihnachtskringel waren allerdings die sternförmigen Geleekringel, und hier wiederum bildeten die mit Schokolade überzogenen die absolute Spitze kindlicher Sehnsucht, auf die wir immer besonders scharf waren. Wenn am 6. Januar, also am Dreikönigstag, der Baum von uns Kindern geplündert werden durfte, waren die Kringel allerdings nicht mehr vollzählig, kleine, unsichtbare Mäuschen hatten in der Zwi-

schenzeit so manchen von ihnen spurlos verschwinden lassen, wie es in dem schönen Weihnachtsgedicht „Die Weihnachtsmaus“ von James Krüss humorvoll beschrieben wird.
Der Begriff *Kringel* wurde in der Nachkriegszeit, die unsere Familie im Hannoverschen verbrachte, auf die kleinen Knappwurstkringel übertragen, die nach dem Schweineschlachten den Nachbarskindern und so auch den Habenichtsen aus dem „Oosten“ geschenkt wurden. Manchmal lauerten sie auf diese schmackhaften Gunstbeweise allerdings vergebens.

Krinschullek (mas.) ☙ *Verzierung, Schnörkel.*
Das „sch“ ist auch hier weich zu sprechen.
Wenn z. B. ein Hund einen Kringel in seinem Schwanz hatte, dann war das ein *Krinschullek.* Wurde in unserer Familie jedoch in einer Art persönlichem Wortgebrauch als Bezeichnung für Verzierungen bei Geigennoten verwandt. Da hatten sich die Komponisten, speziell Mozart, Mühe gegeben, bestimmte Noten durch filigrane musikalische Verzierungen kunstvoll auszuschmücken, und mein Vater bezeichnete diese kleinen Kunstwerke als *Krinschullek.* Wenn z. B. Hausmusik gemacht wurde und die zweite Geige Probleme hatte, einen Doppelschlag korrekt und im richtigen Tempo auszuführen, dann fragte mein Vater: „Wie spielst du denn diesen Krinschullek da?“
Besser kann der Gegensatz zwischen Masuren und Salzburg nicht zum Ausdruck gebracht werden.

krischeln ❧ *eine kleine Mahlzeit aus Zutaten, die nicht zusammenpassen, schnell und unlustig herstellen.*

Krunschellöckchen ❧ *kleine, künstlich gedrehte Löckchen bei älteren Frauen, wenn sie sich feinmachen wollten.*
Eine selbst erfundene Wortverbindung. Kommt von *krunscheln* für sich eindrehen bzw. einrollen. Blätter von Büschen bei großer lang anhaltender Hitze *krunscheln* sich. Es gibt auch das Partizip *verkrunschelt*, so kann ein Kleid nach langem Sitzen *verkrunschelt*, d. h. zerdrückt bzw. verknittert sein. Das „sch" wird in diesem Fall scharf gesprochen.

Kruschke (poln.) ❧ *ursprünglich die wilde Birne.*
Dazu folgende originelle Erklärung aus dem *Entwurf eines preußischen Wörterbuches* (Faksimile) von 1759, verfasst von Johann George Bock: „Kruschke, eine Art von kleinen und herben Birnen, die auch in den Wäldern angetroffen und für das Gesind auf dem Lande zur Abspeisung gebraucht werden: ist eigentlich das polnische Wort *kruska*, so eine Birne heisset."[13]
Andernorts habe ich *gruszka* gefunden.

Kuckel ❧ *kleines Hefeteilchen, auf das wir Kinder immer besonders scharf waren.*
Nicht zu verwechseln mit *Köckels.*

---

13 Bock, Johann Georg: Entwurf eines preußischen Wörterbuches, Königsberg 1759, S. 28

Kudlus (mld.-lit.) ☙ *herabhängende Haarzotteln, ungekämmt, auch ungepflegt und von einer gewissen Fülle.* Seltener Ausdruck aus dem memelländisch-litauischen Raum.

Kuffchen ☙ *kleines Gefäß, aber größer als das Tutschke.*

kullern ☙ *rollen.*
Die Tränen kullern der kleinen Marjell aus den kreisrunden, himmelblauen Kinderaugen über die rosigen Bäckchen, bis sie von der Mama liebevoll abgewischt werden, und nach einem herzhaften Butsch alles wieder gut ist.

labbrig

Lapaddel

Lauks

Liebchen und Goldchen

Lucht

lungern

lusern

labbrig ❧ *bezieht sich auf eine Speise, die flau, fade, ungesalzen, ohne Geschmack, aber zugleich auch unangenehm weich und schlaff daherkommt, wo man mehr Festigkeit und Konsistenz erwarten würde.*
Die englische Küche stand lange im Ruf, labbrig zu sein, aber auch Süßspeisen, die nicht richtig fest geworden sind, können es sein, so z. B. ein Schokoladenpudding oder eine Götterspeise. Kinder lieben labbrig nicht, Erwachsene in der Regel aber auch nicht.

Lapaddel ❧ *Sehnen und Hautlappen bei gebratenem oder (schlimmer noch!) gekochtem Geflügel, die man nicht essen möchte.*
Die Sache wurde dadurch erheblich unangenehmer, dass früher die Kinder in der Regel alles essen mussten, was auf den Tisch kam, auch wenn sie es als unappetitlich empfanden. Ein ausgesprochen lautmalerisches, originelles Wort.

Lauks ❧ *Lausebengel.*
Gehört in den Umkreis so bekannter ostpreußischer Bezeichnungen für eine jungmännliche Gestalt von zweifelhaftem Ruf wie Lorbaß, Lachodder und Labommel. Das Wort hat eine interessante Herkunft aus dem Prussischen bzw. dem Litauischen in ähnlicher Lautgestalt. In beiden Fällen bezieht sich lauks (pruss.) und laukas (lit.) auf ein bestelltes Feld, einen Acker, und nicht auf einen jungen Menschen. Kein Wunder, dass viele Dorfnamen im nördlichen Ostpreußen auf

-lauken und später auf -lack endeten wie Bendiglauken, Schreitlaugken, Mehlauken, Jäglack oder Groß-Stürlack. Nicht ohne Grund störten sich die Deutschtumsvertreter im Dritten Reich an der prussisch-litauischen Endung -lauken, und so wurde z. B. Bendiglauken, ein Dorf südlich von Tilsit, grammatisch korrekt, aber historisch falsch 1938 in Bendigsfelde umbenannt. Wie beide völlig unterschiedliche Bedeutungen aus dem selben Wortstamm für einen Lausebengel wie für einen Acker miteinander zusammenhängen, bleibt unerfindlich, allerdings ist der Lausebengel oder Lorbaß nicht selten ein steiniger Acker, der sich häufig nur widerwillig in ein wohlbestelltes Feld wandeln will.

Liebchen, mein Liebchen, mein Goldchen ❧ *herzliche und gefühlvolle, manchmal auch stürmische Form der Begrüßung, die ihre Wiedersehensfreude ungehemmt zum Ausdruck bringt und so ganz das Gegenteil einer formellen, distanziert-höflichen Begrüßung ist.*
Sie findet vornehmlich unter Frauen statt, natürlich auch zwischen Müttern und ihren Kindern, Großmüttern und ihren Enkeln sowie gegenüber Tieren, denen man dadurch seine ganze emotionale Zuwendung zeigt.
Sehr schön wird diese stürmische Emphase bei der Begrüßung in einem Prosastück der Marie Luise Kaschnitz beschrieben, wo es bei einer Rückfahrt von Riga mit dem Nachtzug (vermutlich nach Königsberg oder Berlin) heißt:

„Mit dem Liegewagen fahre ich zurück, vier Betten im Abteil, Männer und Frauen, im Korridor ein großer, blinkender Samowar, und die ganze Nacht ein Hin und Her mit Kännchen und Tassen, und in den offenstehenden Abteilen die lebhaftesten Unterhaltungen, die ganze Nacht. Die baltischen Söhne hatten in preußischen Regimentern oder beim Zaren gedient, viele Familien waren ausgewandert, man traf sie in Berlin, in Frankfurt, wo sie sich mit ungeheurer Anhänglichkeit zusammenschlossen, Herzchen, Lieberchen, heimatliches Jeschrei, und nie läßt einer den andern im Stich."[14]

Lucht ❧ *im weitesten Sinne der Dachboden eines Hauses, es kann aber auch eine kleine Abstell- oder Schlafkammer unter dem Dach sein.*
Verwendung im Alltag:
„Wo isse denn hinjegangen?"
„Sie iss auffe Lucht."
„Was machtse denn da?"
„Se schläft."
„Ach, herrje!"

lungern / herumlungern ❧ *sich beschäftigungslos die Zeit vertreiben, müßig dastehen, möglichst mit anderen zusammen, und auf irgendetwas lauern, das dem Tag Sinn und Ziel gibt.*

---

14 Kaschnitz, Marie Luise von: Orte, Frankfurt 1975, S. 239

Von dem, der mit anderen herumlungert, kann auch eine latente Bedrohung ausgehen. Das galt früher besonders für Arbeitslose in den Städten (zwanziger und dreißiger Jahre), aber auch für Jugendliche auf den Dörfern der fünfziger und sechziger Jahre, als es noch richtige Dorfbengels gab, die nur darauf lauerten, andere, die ihnen nicht passten, zu verkloppen.

lusern ☙ *eine Sache unnötig verzögern, herumtrödeln.* Das „u“ wird kurz und das nachfolgende „s“ weich gesprochen.

maddern

margritsch

Marjell

mickern

moi bose cochani

molsch

mopsen

Muchuch

mucksch

muffeln

Murr

Mutzkopf

maddern ❧ *stümperhaft mit einer Sache umgehen, oder – wie es im Originalton heißt – bisschen rumfuschern.*

margritsch / magrietsch (mld.-lit.) ❧ *umsonst, als Zugabe.* Wenn man auf dem Wochenmarkt gut eingekauft hat und es noch eine Zugabe obendrauf gibt, für die nichts bezahlt werden muss, dann bekommt man die *margritsch*. Kommt aus dem Litauischen und bezieht sich ursprünglich auf Getränke (Bier oder Wein), die nach einem erfolgreich abgeschlossenen Viehhandel gereicht wurden.

Marjell ❧ *junges Mädchen, lebenstüchtig und kraftvoll.* Kommt aus dem Litauischen, hat sich aber in ganz Ostpreußen verbreitet und ist eines der berühmtesten ostpreußischen Wörter, die vielleicht die Chance haben, den Untergang Ostpreußens und seiner Kultur langfristig zu überleben.
Wohl dem, der von sich sagen kann: „Ich habe drei Marjellens", wie das meine Mutter in hohem Alter mit Stolz verkündete, obwohl eine davon nur ihre Schwiegertochter war, die überhaupt kein Marjellchen sein wollte, weil sie mit Ostpreußen nicht „viel am Hut hatte".
Aber auch ihre Mutter, meine Großmutter, hatte drei *Marjellens*, die in Tilsit an der Memel eine glückliche Kindheit hatten, das Dritte Reich kommen und gehen sahen und am Ende eines verbrecherischen Krieges unter dramatischen Umständen ihre Heimat für immer aufgeben mussten.

Die Kette der Generationen schließt sich bei meiner preußisch-litauischen Urgroßmutter: Auch sie hatte drei *Marjellens*, die den elterlichen Bauernhof verließen, um in der nahegelegenen Stadt Tilsit ihr Glück zu suchen.
Ihre beiden Brüder suchten ihr Glück in Amerika und verschwanden dort spurlos.

mickern ❧ *kränkeln.*
Wird von Hühnern so gesagt; wenn ein Huhn mickert, dann steht es apart von den anderen, schiebt den Kropf vor und die Augenlider über die Augen und schläft im Stehen, mitten am Tag. Das ist meist der Anfang vom Ende, und das kommt schnell und unaufhaltsam.

moi bose cochani (mas.) ❧ *wörtlich übersetzt: „Ach, du mein Gott, lieber!"*
Masurischer Ausdruck des fassungslosen Erstaunens oder der totalen Überraschung. Die Schreibweise orientiert sich rein an der Aussprache.
In den „Buddenbrooks" von Thomas Mann gibt es eine Stelle, in der dieser Ausdruck in verfremdender deutscher Schreibweise vorkommt, und zwar, als Herr Permaneder aus München unangemeldet bei Buddenbrooks an der Tür klingelt, Tony Buddenbrook, verheiratete Grünlich, von der Galerie des ersten Stocks aus ihn erkennt, in den zweiten Stock eilt, dort ihrer Haushälterin Mamsell Ida Jungmann aus Marienwerder in Westpreußen begegnet, „der sie mit ersterbender

Stimme etwas zuflüsterte, worauf Ida vor freudigem Schreck etwas Polnisches antwortete, das klang wie ‚Meiboschekochanne!'"[15] Das ist für die masurische Sprache die höchste Form der literarischen Weihe, höher hinauf als in den berühmtesten Roman des Nobelpreisträgers Thomas Mann kann man nicht gelangen. Ihr Überleben ist damit gesichert, wenn auch in erster Linie als spaßige Folklore inmitten der feinen Lübecker Gesellschaft. Aber es ist auch urwüchsiges Ostpreußen, das sich da in der Welt vornehmer Dekadenz lebenskräftig zu Wort meldet.

molsch ☙ *saft- und kraftlos.*
Bezieht sich auf einen Zustand, bei dem man sich wie eine innen schon matschig gewordene Birne fühlt.

mopsen, sich ☙ *sich langweilen.*
Etwa wie ein „Furz auf der Gardinenstange", weil da oben „absolut nuscht los" ist.

Muchuch ☙ *ungepflegte, hassliche Frau.*
Das „u" wird in beiden Fällen lang gesprochen, was man im Schriftbild gar nicht wiedergeben kann, ohne aus dem Wort ein Ungetüm zu machen. Der zweimal eng aufeinanderfolgende ch-Laut ist für Ungeübte schon eine arge Zumutung und das Wort allein von

---

15 Thomas Mann: Buddenbrooks, S. Fischer Verlag, 3. Auflage 2000, S. 323

der Lautgestalt her eine ostpreußische Rarität. Ich habe es bisher nur ein einziges Mal gehört.

mucksch ❧ *eingeschnappt.*
Wird hauptsächlich von Kindern gesagt.

muffeln ❧ *unlustig und mit vollem Mund auf irgendetwas herumkauen.*
Davon kann man leicht *mufflig* werden, das heißt: keine Lust haben, freundlich zu sein, unwillig, sich anderen mitzuteilen. Das hochdeutsche „mürrisch" kommt dem wohl am nächsten.

Murr ❧ *Kraft haben.*
Wird auch als Katername verwandt, so geschehen von dem Dichter Ernst Theodor Amadeus Hofmann (1776–1822) in seiner Erzählung „Kater Murr" von 1820. Das geht aber nur, wenn man aus Ostpreußen stammt, und das ist bei diesem Dichter natürlich der Fall.

Mutzkopf ❧ *leichte Ohrfeige, Kopfnuss.*
Im Calenbergischen (Südhannover) sagt man dazu „einen Backs kriegen".

Nachschrabsel

Nachschrabsel ❧ *Rest, Überbleibsel.*
Dazu die Erklärung aus dem schon zitierten *Preußischen Wörterbuch* von 1759: „*Nachschrap*, Ueberbleibsel, was von einer Speise an dem Kessel oder Topf inwendig kleben geblieben und darauf abgekratzet wird. Man ziehet es auf Personen, die allen übrigen nachgesetzet werden …“[16]
Im übertragenen Sinne unerwarteter Nachkömmling, der sich zu einem Zeitpunkt einstellt, wenn der Wachstumsprozess der Familie längst abgeschlossen ist. Hört sich so an, als wenn die letzten Kräfte für dieses spätberufene Familienmitglied zusammengekratzt worden wären, sodass es zu einer vollständigen menschlichen Grundausstattung nicht mehr ganz gereicht hätte. Tatsächlich kann davon aber keine Rede sein. In der Regel wird es mit erhöhter Zuwendung rechnen können, es sei denn, die Eltern sind von der Aufzucht vieler Kinder müde geworden und lassen die Zügel schleifen.
Auch bei Johannes Bobrowski in *Levins Mühle* kommt ein *Nachschrabsel* auf die Welt: „Drüben, nur ein paar Meter weiter, wohnt der Gustav, zwischen Kirche und Krug, heute wird das Kind getauft, das siebente, Nachzügler oder Nachschrabsel, was soll man sagen.“[17]

16 Bock, J. G.: a. a. O., S. 36
17 Bobrowski, J.: a. a. O., S. 25

obstinatsch

Okel

obstinatsch ❧ *eigensinnig, widersetzlich, aufsässig, störrisch.*
Gegensatz zu brav und gehorsam, der lautmalerische, negative Beiklang des Wortes verrät etwas über die Erziehungsmaximen vergangener Zeiten und was nicht erwünscht war; dazu konnte schon eine eigene, abweichende Meinung gehören, die den Erwachsenen nicht passte.

Okel ❧ *Dachwinkel oder Bodenwinkel.*
In der Familie meiner Tilsiter Großmutter hieß *hintere Okel* hinter dem Kachelofen; damit war der Raum zwischen Kachelofen und Wand gemeint.

padolsch; panäbratsch; Panietschke;
Panneraschpel; Paschenter;
Paschieske; Paslak; Patscheimer;
pesen; pesern; pesteln; piepstrurig;
Piezchen; Pindrullek; pintig;
pinxern; pischeln; Pischeltopf;
Pisskachel; plachandern; pladdern;
Plaster; Plawucht; Plerschkutt;
pletern; Plickduse; Plier; plieren;
Plieten; plinkern; Plossen; pluddrig;
plundern; Plurksch; plurkschen;
plustern; Pojatz; Pomuchelskopp;
porren; Porschundek; Posauken;
Pracher; Premser; Prickel;
Prömmel; prudeln; Prußnuss;
Pschetzek; Pschika raus; Pungel;
Purrschussmännchen; puscheln/
puszeln; puschen/puscheien

Mit dem Buchstaben *P* nähern wir uns dem Höhepunkt dieser Sammlung. Nirgendwo sonst finden sich auf engem Raum so viele ostpreußische Prachtausdrücke versammelt wie hier. Liest man diese geballte Ladung edler Wortschöpfungen hintereinander weg, bekommt man schon von der Lautgestalt her vielleicht eine gewisse Vorstellung von der zupackenden Kraft, Urwüchsigkeit, aber auch Derbheit des Ostpreußischen.

Bei den folgenden Worterklärungen bin ich von der bisher üblichen, alphabetischen Reihenfolge abgewichen und habe mehrere bedeutungsähnliche Wörter zu zwei Gruppen zusammengefasst, einer Männer- und einer sehr viel kleineren Frauengruppe, danach geht es alphabetisch wie gewohnt weiter.

Hier die Männergruppe: *Panietschke, Paschenter, Paschieske, Paslak, Plawucht, Posauken, Pracher.*

Panietschke ☙ *Klempner für Reparaturarbeiten im Haushalt, besonders für Töpfe und Pfannen.*

In der Regel nebenberuflich ausgeübt, ohne Geschäft und ohne Werkstatt. In einigen Gegenden wurden diese Arbeiten auch von Zigeunern ausgeführt.

Das Wort steht für eine sozial sehr niedrige, ärmliche Existenz. Stammt aus einer Zeit, die längst vergangen ist, denn Töpfe und Pfannen werden nicht mehr repariert.

Paschenter, armer ☙ *armer Mensch, Habenichts.*

Paschieske (mld.-lit.) ☙ *alter, in der Regel auch armer Mann, vorzugsweise Rentner von schlichter Wesensart.* Schon vom Äußeren und von der Kleidung her als solcher kenntlich, sitzt er bereits am Vormittag, wenn das Wetter es erlaubt, auf einer Bank im Stadtpark und wartet auf andere *Paschieskes*, um mit ihnen zu *plachandern*. Gehört einer Zeit an, in der die alten Männer von schwerer Arbeit ausgemergelt und bei Eintritt in das Rentenalter schon verbraucht waren. Von den heutigen rüstigen und finanziell gut gestellten Senioren, die

Paschieske

noch um die halbe Welt reisen, sind diese alten Männer weit entfernt. Manche konnten gar nicht mehr richtig sprechen, weil sie kaum noch Zähne hatten und ein Gebiss zu teuer war. Ein bis heute in unserer Familie gern benutzter Ausdruck.

Das Wort hat mit „schießen“ nichts zu tun, denn das „sch“ wird ganz weich gesprochen. Aus dem memelländisch-litauischen Raum stammend.

Hierhin gehört eine Variation auf Ostpreußisch zu Georg Trakls Gedicht *Die schöne Stadt*, womit Salzburg gemeint ist. Es heißt dort in der ersten Strophe:

Alte Plätze sonnig schweigen.
Tief in Blau und Gold versponnen
Traumhaft hasten sanfte Nonnen
Unter schwüler Buchen Schweigen.[18]

Die ostpreußische Variation könnte so lauten:

Drei Paschieskes sinnig schweigen
auf der Bank im Schatten dorten,
während die Plickdusen schmusen
unter schwüler Buchen Schweigen.

Paslak (verm. poln.) ☙ *einfacher, gutmütiger Mensch, der sich ausnutzen lässt.*

Eigentlich eine Knechtsgestalt, ohne ein Knecht zu sein. Konnte leicht schikaniert werden.

---

18 Trakl, Georg: Dichtungen und Briefe in zwei Bänden, hrsg. von Walter Killy und Hans Szklenar, Salzburg 1969, hier: Band 1, S. 2

Plawucht ☙ *geltungssüchtiger, halbgebildeter Mensch, der aber durchaus nicht arm sein muss.*
Vornehmlich in den unteren Gesellschaftsschichten und im Kleinbürgertum zu finden, sind es häufig Aufsteiger, denen jedes Mittel recht ist, um hochzukommen und Einfluss zu gewinnen.
Wer ein protziges Haus *aufschmettert*, kann durchaus ein *Plawucht* sein. Auch jemand, der *wann Priefung jemacht hat*, kann es sein. Die große Zeit für diese Sorte Mensch war das Dritte Reich. Viele kleine und große Nazis waren *Plawuchte*, die SA war ein guter Nährboden für solche Leute. Der Gauleiter von Ostpreußen, Erich Koch, dürfte auch zu dieser Spezies gehört haben, aber der *Oberplawucht* von allen, ein *Plawucht* in Großformat, dürfte der preußische Innenminister, Reichsjägermeister und Reichsmarschall Hermann Göring gewesen sein. Die geltungssüchtigen Titel zeigen das im Grunde schon an. *Plawuchte* gibt es aber selbstverständlich auch in unserer Zeit.

Posauken / Pasauken ☙ *Strolch, Lümmel, grober Kerl.*
Aber zugleich auch stark abwertender Ausdruck für die unterste gesellschaftliche Gruppe: Gesindel und Lumpenpack, oft auch nur „Pack“ genannt.
Neben *Glums-* und *Pomuchelsköppen* gibt es bei Siegfried Lenz auch *Paslacken* und *Posauken*, schon allein die Wörter glänzen nicht durch Lieblichkeit und Anmut und die Typen, die dahinter stehen, vermutlich erst recht nicht. Das ist in seiner Derbheit echtes Ost-

preußen, wie man in *Heimatmuseum* an entsprechender Stelle nachlesen kann: „Und dann ging Onkel Adam zu meinem Großvater, er richtete es so ein, daß der Futtermeister und die beiden Paslacken ihn hören konnten, und ohne die Stimme zu heben, sagte er: Posauk, trogschnauziger Posauk!"

Und gleich anschließend sagt Siegfried Lenz etwas über die Nähe von Schimpfwort und Zärtlichkeit im Ostpreußischen, die für den Außenstehenden zwar irritierend ist, aber zum Wesen dieser Sprache gehört: „Da bin ich aber gespannt, was Ihnen aufgefallen ist. Schimpfwörter, Flüche? Also der Reichtum unserer Schimpfwörter und Flüche gibt Ihnen zu denken? Ach wenn es Sie erstaunt, mein Lieber, manches Wort, das bei uns wie eine Verwünschung klingt, kann in besonderer Lage auch ein Ausdruck von Zärtlichkeit sein, von ortsüblicher Zärtlichkeit, wie ich zugeben muß. Bei uns liegt so vieles so nah beieinander …"[19]

Dem kann man nur zustimmen. Diese Beobachtung von Siegfried Lenz gilt für viele abfällig klingende Ausdrücke in diesem Lexikon.

Pracher ☙ *alter Mann am Rande des Bettelns.*

Es gibt auch das Verb *prachern*, d. h. um etwas betteln. Dazu folgende Anekdote: Als die junge Enkeltochter in Anwesenheit ihrer Großmutter ziellos auf dem Klavier herumklimperte, sagte diese zu ihr: „Es hört sich an, als ob ein Pracher um Geld bettelt." Herrlicher Vergleich!

19 Lenz, Siegfried: Heimatmuseum, Hamburg 1978, S. 159

Und nun zur kleinen Frauengruppe:

Plerschkutt (mld.-lit.) / **Plickduse** (mld.-lit.)
Beide Begriffe kommen aus dem Memelländisch-Litauischen und bezeichnen eine Frau undefinierbaren Alters. Die *Plerschkutt* ist wie die *Plickduse* unübersetzbar bzw. in ihrer Bedeutung nicht mehr rekonstruierbar. Sicher ist nur, dass es zwei Ausdrücke für normabweichendes Verhalten oder für eine ungewöhnliche äußere Erscheinung sind.
Aber vielleicht ist die *Plickduse* ja die ostpreußische Form der Duse, der berühmten italienischen Schauspielerin Eleonora Duse, die von 1858 bis 1924 lebte und zeitweilig mit dem italienischen Dichter Gabriele d'Annunzio (1863–1938) verbunden war.

Weiter geht es in alphabetischer Ordnung:

padolsch ❧ *linkisch, ungeschickt.*
Jemand, der seine Bewegungsabläufe nicht richtig koordiniert oder zwei linke Hände hat und so manche Tasse fallen lässt. Man hört dem Wort durch die kräftige Betonung auf der zweiten Silbe die Unausgeglichenheit des Bewegungsablaufs regelrecht an.

panäbratsch (mas.) ❧ *plump vertraulich.*
Vor allem gegenüber fremden Leuten eine Form der schnellen Verbrüderung, sehr direkt und ohne Arg, manchmal auch anbiedernd.

Die wörtliche Übersetzung wäre „Herr Bruder sein“ und bedeutet, mit einem Fremden wie mit seinem eigenen Bruder vertraut sein. Kommt aus dem Polnischen, von *pan* Herr und *brat* Bruder. Der dem Masurischen entsprechende polnische Ausdruck heißt *za pan brac* und bedeutet in etwa: wir sind zusammen, wir vertrauen uns, wir gehen den gleichen Weg. Gilt inzwischen als veraltet.
Eine Parallele gibt es auch zum Russischen, denn auch dort heißt Bruder *brat.*
Eine originelle Ergänzung wäre der masurische Ausdruck *brätschisku swoti*: *Briederchen, goldiges*; in seiner liebevollen und zärtlichen Emotionalität dem Russischen sehr verwandt.[20]

Panneraschpel ☙ *ein in der Pfanne sanft gebratener Teigrest, der bei Kindern hochbegehrt war.*

Patscheimer ☙ *Eimer für flüssige Abfälle.*
In Zeiten, als es auf den Dörfern noch kein fließend Wasser gab und man es mühsam aus der Pumpe holen musste, hatte die Hausfrau neben dem Herd zwei große Eimer stehen: einen für Frischwasser und einen für Abwasser. In diesen wurde auch schon mal ein *Pischeltopf* ausgegossen, feste Abfälle kamen jedoch nicht hinein. War er voll, wurde er im Plumpsklo ausgeleert

20 Lalla, Heinz: Goldensee, Ein Dorf aus Masuren, Coppenbrügge 1988, S. 159 f.

oder in einer wilden Ecke des Bauerngehöftes einfach ausgeschüttet.

Auch in der Nachkriegszeit setzte sich die Ära des *Patscheimers* fort, und zwar dann, wenn Flüchtlingsfamilien in einem Zimmer ohne Wasseranschluss hausten, auch wenn es bereits fließendes Wasser gab. Um die damit verbundene Mühe zu begreifen, muss man wissen, dass die Eimer aus Metall (häufig Zink) und schon im Leerzustand relativ schwer waren, geschweige denn mit der *Patsche* darin. Wenn man außerdem keinen richtigen Herd besaß, sondern nur einen *Pschetzek*, dann hatte man für die Küche der damaligen Zeit noch nicht einmal die Mindestausstattung. In einer Zeit der Luxusküchen gar nicht mehr vorstellbar, eher schon als modernes Kunstobjekt, zum Beispiel als Installation unter dem Titel *Patchwork meets Pschetzek in post war Germany*, denkbar wäre aber auch *Women's pride in old Masovia*.

Von erhabener Schönheit, allerdings auf ostpreußische Art, ist der Ausdruck *wie ein Patscheimer grinsen* – in seiner derben und drastischen Bildlichkeit bestes Ostpreußen. Der ungewöhnliche Vergleich verfremdet allerdings den Sachverhalt eher, als dass er ihn erhellt. „Grinsen" ist als Wort negativ besetzt, man kann hämisch, spöttisch, frech, hinterhältig usw. grinsen, aber „wie ein *Patscheimer*"? Im Gegensatz zur herkömmlichen Bedeutung von „grinsen" ist damit eher ein über das ganze Gesicht gehendes, fröhliches und offenes Lachen ohne Arg und Hinterlist gemeint, das aber auch naiv und leicht töricht wirken kann, insofern einen negativen Beigeschmack hat und somit den schrägen Vergleich etwas verständlicher macht.

pesen ☙ *schnell laufen.*
Beispiel: „Er ist wie Blitzkugel (ein Kugelblitz ist gemeint) um die Ecke gepest.“

pesern ☙ *mit Feuer spielen, kokeln, im Feuer herumstochern.*
Kinder *pesern* gerne. Besonders wenn trockene Gartenabfälle in den Bauerngärten der Dörfer oder Kartoffelkraut auf den Feldern verbrannt wurden, war die große Zeit des *Peserns* gekommen, und der Einbruch der Dunkelheit erhöhte das Gefühl von Abenteuer und Gefahr.

pesteln ☙ *sich fertigmachen für irgendeine Tätigkeit, speziell für das Ausgehen.*
Mit einem etwas ungeduldigen Unterton des Sprechers gegenüber demjenigen, der so lange braucht, um sich *rauszupesteln*. Fast ausnahmslos bezieht sich das Wort auf Frauen, es kann sich aber auch um Hühner handeln, die sich *pesteln*, bevor sie auf die Stange gehen.
Ein schönes Beispiel für *pesteln* liefert der unvergessliche Sketch von Loriot *Die Garderobe*. Ein Ehepaar will ausgehen, sie ist unschlüssig, wie sie sich für diesen Anlass *rauspesteln* soll, und führt ihrem Mann mehrere Kleider vor, in Erwartung einer Entscheidungshilfe. Ihm aber ist die Wahl des schönsten Kleides lästig und so vermeidet er eine Entscheidung, was zwangsläufig zu

einer Ehekrise führt. Das Wort wird mit einem langen „e“ gesprochen.

piepstrurig ❧ *betrübt.*
Diese Übersetzung kommt dem originellen Wort recht nah, aber eigentlich ist es unübersetzbar. Es ist auf jeden Fall nicht so tieftraurig gemeint, wie es klingt. Wenn man in einem Lokal in fröhlicher Runde zusammensitzt und am Nebentisch ein älteres Ehepaar sich ausgiebig anschweigt, dann kann schon mal der Ausdruck fallen: „Was sitzen die denn da so piepstrurig herum?“

Piezchen ❧ *Kosewort.*
Persönlicher Ausdruck für Katzen, im übertragenen Sinne aber für alle Tiere, die man als „süß“ empfindet, was das auch immer heißen mag. Es kann sich um einen Frosch handeln, aber auch um einen Bären mit seinem gemütlichen, dicken Hinterteil, das man nur allzu gerne einmal *puschen* möchte.

Pindrullek (mas.) ❧ *kleiner, unspezifischer Gegenstand.*
Genaue Bedeutung unklar, kleines Ding zum Aufschrauben, ohne eine Schraube zu sein. Möglicherweise ist auch das Schwänzchen eines kleinen Bengels als *Pindrullek* bezeichnet worden.

pintig ❧ *klein, dürftig, unansehnlich, unvorteilhaft.*
Namentlich beim Kauf von Kleidung wird das Wort als abschätzige Meinungsäußerung gebraucht.

pinxern / pinksern ❧ *an einem handwerklichen Gegenstand dilettantisch herumwerkeln.*
Für den Außenstehenden wird schnell deutlich, dass man von der Sache nichts oder nur sehr wenig versteht. „Was pinxerst du denn da herum?“, heißt dann die Frage, und der Angesprochene fühlt sich auf unangenehme Weise bei seinem Unvermögen ertappt.

pischeln ❧ *pinkeln.*
Der Ausdruck *pissen* wäre zu derb und *strullen* zu kräftig. Das „sch“ wird weich gesprochen.

Pischeltopf ❧ *Nachttopf.*
Umgangssprachlich derb auch Pisspott, der ostpreußische Ausdruck ist jedoch eine Spur lieblicher. Die Töpfe waren weiß emailliert und hatten einen schmalen blauen Rand.

Pisskachel ❧ *kleines Mädchen, das sich noch in die Hose macht.*
Es handelt sich bei diesem Ausdruck nicht um eine der berühmten weißen Kacheln, wie sie früher in öffentlichen Toiletten üblich waren. Das Wort müsste eigentlich auch für kleine Jungen gelten, aber die Sprache richtete sich damals noch nicht nach dem Gebot der Gleichheit. Gäbe es nicht auch im Norddeutschen ähnlich derbe Ausdrücke wie *Pissnelke* und *Pissjule*, könnte man auf die Idee kommen, es handle sich bei der ostpreußischen Mundart um eine frauenfeindliche Sprache.

plachandern ❧ *sich was erzählen, schwatzen, plaudern.*
Ähnlich wie *schabbern*. Auch bei Arno Surminski in seinem Roman *Sommer vierundvierzig*, der auf der Kurischen Nehrung spielt, wird tüchtig *plachandert*, besonders die Oma tut das gern:
„Eine Pfanne Bratkartoffeln wird sie brutzeln, das essen alle Soldaten gern. Vielleicht verstehen sie die litauische Sprache, so daß man ein bißchen plachandern kann.“[21]
Aber in Surminskis Roman wird nicht nur *plachandert*, sondern es entsteht vor dem Auge des Lesers die ganze archaische Welt der Kurischen Nehrung, ihrer Dörfer und ihrer Bewohner.

pladdern ❧ *ziemlich stark regnen.*
Dem Wort hört man förmlich das Plätschern an.

Plaster ❧ *Hautschicht auf einer sich abkühlenden Milch.*
Sie bildet sich auch auf einem mit Milch gekochten, heißen Schokoladen- oder Vanillepudding und ist für Kinder meist ein unangenehmes Nebenprodukt, das den Genuss des Puddings erheblich stört.
Das „a“ wird lang gesprochen.

pletern ❧ *jemanden durch unablässiges Reden drängen, etwas zu tun.*
Was für den Sprechenden wichtig ist, kann für den Angeredeten jedoch nervig sein, weil er damit zu einer Handlung gedrängt werden soll, die er eigentlich nicht

21 Surminski, A.: a. a. O., S. 235

plachandern

will. „Ich hab' nun schon so lang davon gepletert, und du hast es immer noch nicht gemacht", könnte z. B. eine Mutter zu ihrem säumigen Sohn sagen, der die Tante immer noch nicht besucht hat.

Plier ☙ *schorfige Schlafrückstände in den Augenwinkeln.* Sie bilden sich besonders in der Nacht bei tränenden Augen oder entzündeten Lidern. Morgens wischt bzw.

pult man diesen *Plier* dann aus den Augen. Bildet sich übrigens häufig auch bei Katzen, die ihn sich natürlich nicht auswischen lassen wollen.

plieren ❧ *blinzeln.*
Bei starkem Sonnenlicht oder wenn die Augen etwas verklebt sind, beispielsweise durch Schorf aufgrund einer Entzündung.

Plieten ❧ *Bücher, abwertend gemeint.*
Vor allem verwendet für alte, zerlesene Bücher ohne Wert, speziell Schulbücher. Bücher gingen oft durch mehrere Hände, auch durch solche, die nicht immer ganz sauber waren oder mit ihnen nicht pfleglich umgingen, sodass sie im Lauf der Zeit auf den Stand von *Plieten* herabsanken. Aber in dem Wort schwingt auch eine gewisse Missachtung des Buches als Medium von überflüssiger Bildung und unnützer Unterhaltung mit. Denn Lesen hielt von der Arbeit ab, und man konnte dabei auf „dumme" Gedanken kommen, besonders, wenn es sich um „Romanzen" (Originalton, damit waren Liebesromane gemeint) handelte.

plinkern ❧ *zwinkern.*
D.h. die Augenlider in relativ schneller Folge hoch- und runterklappen, was unnatürlich wirkt und einen unfreiwillig komischen Effekt erzeugt. Umgangssprachlich nennt man diese Angewohnheit „mit den Augen klappern", was mit flirten nichts zu tun hat.

Plossen ☙ *Kleidung, auch einzelne Kleidungsstücke.*
Allerdings nichts Elegantes, sondern eher Kleidung einfacher Leute. Das „o“ wird kurz, das „ss“ entgegen den hochdeutschen Ausspracheregeln weich gesprochen.

pluddrig ☙ *halbfest.*
Ein Pudding, der nicht richtig dick, oder eine Marmelade, die nicht richtig steif geworden ist, sind *pluddrig.* Kinder lieben *pluddrig* nicht.

plundern ☙ *verschwenden.*
Z. B. Geld, das man nicht hat, zum Fenster rauswerfen.

Plurksch ☙ *dünner Kaffee.*
Im Norddeutschen wird diese unangenehme Eigenschaft als *Plörre* bezeichnet und kann die gute Laune nachhaltig trüben, besonders dann, wenn man sich „auf eine gute Tasse Bohne“ gefreut hat.

plurkschen ☙ *Dünnflüssiges ausscheiden.*
Bei Katzen geräuschvoll, bei Babys zunächst unbemerkt. Wenn Katzen ihr Geschäft nicht an dem dafür vorgesehenen Ort verrichten, sondern etwa unter dem Bett oder auf dem Teppich, ist die Katastrophe perfekt.

plustern ☙ *die Federn sträuben.*
Kommt aus dem Tierreich, speziell bei Vögeln während der Balz zu beobachten. Auch Hühner plustern

sich gerne, z. B. Beim Sandbaden in einer Kuhle oder Glucken während des Brütens. Sie machen sich damit größer als sie sind.
Es gibt auch das Kompositum *aufplustern*, d. h. sich wichtig machen. Politiker tun das gerne, besonders wenn es darum geht, eine Äußerung des politischen Gegners auf übertriebene Weise öffentlichkeitswirksam zu verurteilen und sich dabei ins rechte Licht zu setzen. Vermutlich kein genuin ostpreußisches Wort, aber dort gebräuchlich.

Pojatz ☙ *im engeren Wortsinn Hanswurst, Clown, Spaßmacher, auch dummer Mensch.*
Soll vom italienischen *bajazzo* abstammen, könnte aber auch eine jiddische Wurzel haben. Interessant ist jedoch die übertragene Bedeutung, die, wie viele ostpreußische Ausdrücke, regionale oder gar individuelle Züge trägt. Mein Vater gebrauchte den Ausdruck für ein kleines Kind, einen süßen kleinen Kerl oder auch ein Dummchen, wie man damals sagte, allerdings ohne jede abwertende Tendenz. Meine Mutter dagegen kannte dieses Wort gar nicht.

Pomuchelskopp ☙ *aufgeblasener Dummkopf, Dickkopf, Großmaul.*
Berühmtes ostpreußisches Schimpfwort. Bei Siegfried Lenz wimmelt es von *Pomuchelsköppen*, übrigens auch von *Glumsköppen*, wir begnügen uns hier mit einer Stelle aus *Heimatmuseum*:

„Der alte Piwko, selbst für masurische Verhältnisse ein hervorragender Pomuchelskopp, hatte die Enten im Pferch zusammengetrieben …“[22]

porren ❧ *beharrlich bedrängen.*
Wenn Kinder ein Eis oder eine andere Süßigkeit haben wollen, die Eltern den Wunsch aber nicht erfüllen wollen, dann müssen die kleinen Quälgeister so lange *porren*, bis sie ihr Ziel vielleicht doch noch erreichen.

Porschundek (mas.) ❧ *kraftvoll durchgesetzte Ordnung, z. B. in der Schule.*
Origineller, aber seltener Ausdruck.

Premser ❧ *Korsett.*
Abgeleitet von *premsen* – drücken, pressen – und damit die Sache genau treffender Ausdruck.

Prickel ❧ *kleiner Stock, Holzstab.*
Mit einem *Prickel*, der manchmal nur von einem Ast stammte und mit einer langen Schnur umwickelt war, wurden die Kanten der Beete im Gemüsegarten abgesteckt bzw. zwischen ihnen ein längerer, gerader Weg gezogen.

Prömmel ❧ *ein wohlgenährtes Baby oder dickes Kleinkind.*

---

22 Lenz, S.: Heimatmuseum, a. a. O., S. 45f.

prudeln ❧ *sich mit einer anspruchslosen Handarbeit beschäftigen.*

Zur Führung eines Haushaltes gehörte früher ganz selbstverständlich dazu, die Kleidung der Familie in Ordnung zu halten. So konnten es sich die Frauen im Alltag nicht leisten, einfach nur beschäftigungslos auf dem Sofa zu sitzen, sondern sie nutzten jede freie Minute, um kleine Handarbeiten zu erledigen, bei denen man sich nicht allzu sehr konzentrieren musste. Dazu gehörte Strümpfe stopfen, Pullover, Jacken und Hosen

prudeln

ausbessern, Röcke oder Decken säumen etc. Das ist *prudeln.*
Bei den Bauersfrauen ruhten die Hände nur in der Kirche, wie es Wilhelm Leibl in seinem Gemälde *Drei Frauen in der Kirche* beeindruckend dargestellt hat.

Prußnuss; Prußnuss aufsetzen ☙ *eingeschnappt bzw. muulsch sein.*
Von Kindern und Jugendlichen gesagt. Das ist also keine preußische Nussart, die schon die alten Pruzzen angebaut haben. Andernorts würde man dazu „eine Flappe ziehen" sagen.

Pschetzek (mas.) ☙ *kleiner, runder Ersatzherd mit einer einzigen Kochgelegenheit anstelle eines richtigen, großen Kohleherdes.*
Solche Herde wurden mit Holz beheizt und dienten auch als Wärmequelle. In der Zeit des Flüchtlingselends, der *Bschedda*, waren viele Flüchtlingsfamilien darauf angewiesen.
Seltener Ausdruck.
Wollte man den sozialen Aufstieg aus der *Bschedda* der Nachkriegszeit anhand der Küchenherde illustrieren, dann führte der Weg nicht selten vom *Pschetzek* über den Kohleherd zunächst zum Elektroherd, verharrte dort eine ganze Weile und ginge dann unaufhaltsam weiter über die schlichte Einbauküche bis zur gestylten Luxusküche unserer Tage. Welch ein Wandel der Zeiten!

Pschika raus! (mas.) ❧ *Befehl, mit dem die Katze aus dem Haus gewiesen wurde.*
Auf den Bauernhöfen wurde da nicht lange gefackelt. Die Katzen hatten sich selber zu versorgen.

Pungel ❧ *kleiner Sack, Beutel, speziell für Textilien, z. B. ein Pungel Wäsche.*

Purrschussmännchen ❧ *ein Säugling oder Kleinkind, das mit großer Lust auffallend viele kleine, „süß" duftende Fürzlein in die Strampelhosen oder später ins Höschen abschießt.*
Dem liegt sicherlich eine unverhohlene Freude am Krachen und Stinken zu Grunde, die besonders bei den Jungen bzw. Jugendlichen sehr ausgeprägt ist und sich auf unterschiedlichste Weise äußert, in diesem Falle allerdings schon ungewöhnlich früh.
Vermutlich ein selbst erfundener, origineller Ausdruck, der in seiner liebevollen Emotionalität mit einem Quäntchen Derbheit als Beimischung und der typischen Verkleinerungsform am Ende des Wortes echtes Ostpreußen verkörpert, obwohl es sich um eine sehr persönliche Wortschöpfung handelt.

puscheln / puszeln ❧ *sich ständig mit kleinen Hausarbeiten zu schaffen machen, speziell in der Küche.*
Das „u" wird kurz gesprochen, das „sch" weich.
Zu *puscheln* gibt es auch das Substantiv *Puschel.* Wird nur auf Frauen bezogen. Wenn man sagt, „sie ist ein

Puschel", dann meint man damit ein schlichtes Muttchen älteren Typs, dessen Lebenssinn sich in Hausarbeiten wie Saubermachen, Putzen und Spülen erfüllt. Dürfte inzwischen nahezu ausgestorben sein.

puschen / puscheien ☙ *streicheln.*
Das „u" wird lang gesprochen und das „sch" weich.

Rachachel

rachullrig

Rawasche

ribbel die Katz

rucksen

rumaasen

rumdummen

rumfijucheln

rumgnurren

rumlacheisern

rumschudneken

Rumtreiberscher

ruscheln

ruschpeln

Rachachel (mld.-lit.) ❧ *langes, hoch aufgeschossenes Mädchen, dünne weibliche Person mit Proportionen, die nicht stimmen.*
Das „ch“ wird in beiden Fällen ganz hinten im Rachen gesprochen, wie bei dem Wort *wurrachen*, eine Lautfolge, die für den Unkundigen nur schwer zu sprechen ist. Aus dem memelländisch-litauischen Raum stammend.

rachullrig ❧ *jemand, der den Rachen nicht voll kriegt, habgierig.*
Diese schöne Eigenschaft gibt es auch bei Siegfried Lenz in der 15. Geschichte von *So zärtlich war Suleyken*: „Es empfiehlt sich“, sagte beispielsweise die Kommission, „die Kinderchen aus Tellern essen zu lassen, das verhindert die Rachullrigkeit.“[23] Na ja, kühne Behauptung.
In der neunten Geschichte gibt es eine weitere sehr schöne Stelle. Nach Suleyken kommt ein kleiner Wanderzirkus mit seinen schlichten Attraktionen. Dazu gehört auch ein Seehund. Über seinen Auftritt heißt es:
„Wie es weiterging? Nun, es wurde hereingetragen eine Waschwanne, in welcher, die Griesgrämigkeit in Person, ein alter, fetter Seehund lag, welcher auf den Namen Rachull hörte, der Unersättliche.“[24] Das ist zwar bestes Suleyken, aber eher als für ein gefräßiges Tier

23 Lenz, Siegfried: So zärtlich war Suleyken, Frankfurt am Main 1963, S. 113
24 Ebenda, S. 71

könnte dies der wahre Name für so manchen masurischen Heinrich, Hermann, Wilhelm oder Onkel Adam gewesen sein.
Die *Rachullrigkeit* ist mit dem alten Masuren nicht untergegangen, sondern blüht und gedeiht kräftig weiter fort und ist im Großen wie im Kleinen überall zu beobachten, häufig zum Schaden von Mensch, Tier und Umwelt. Besonders ausgeprägt ist sie bei denjenigen, die ohnehin schon genug haben. „Beneidenswert, wer frei davon", wie man in Anlehnung an einen Song aus Bertolt Brechts *Mutter Courage* sagen könnte.

Rawasche (franz.) ❧ *Umstände, die eine Situation erschweren, manchmal sogar zum Chaos führen.*
Wenn z. B. eine Familie mit Kindern für einen Ferienaufenthalt die Koffer packen muss, ist eine *Riesenravage* vorprogrammiert.
Das Wort stammt aus dem Französischen („ravage"); das zweite „a" muss unbedingt lang und das folgende „sch" weich gesprochen werden, es hat also mit *waschen* nichts zu tun.

ribbel die Katz ❧ *blitzschnell, im Handumdrehen, im Nu, ruckzuck.*
Die blitzschnelle Bewegung der Katze ist hier das Vorbild. Das geht *ribbel die Katz*, so heißt es etwa vom Erbsenauspalen oder anderen Hausarbeiten, die man schnell und effektiv erledigt. Das Gegenteil wäre *herumlusern* und viel Zeit vertrödeln.

rucksen ☙ *ruckweise etwas Schweres stoßen, ruckartig ziehen, reißen, fortbewegen.*
Im übertragenen Sinn sich mächtig ins Zeug legen, um höheren Orts positiv aufzufallen, also nicht so sehr um der Sache als um der Karriere willen.
Wenn z. B. in den fünfziger Jahren ein junger Volksschullehrer Schulrat werden wollte, dann *ruckste* er tüchtig, das heißt, er vollbrachte zahllose übertarifliche pädagogische Leistungen, um auf sich aufmerksam zu machen. Wenn die Absicht zu deutlich war, machte er sich dadurch bei den Kollegen unbeliebt. Es hieß dann hinter vorgehaltener Hand: „Der will was werden." Hatte man umsonst *geruckst*, war die klammheimliche Schadenfreude groß, denn Neid und Missgunst waren natürlich auch im Spiel.

rumaasen ☙ *verschwenderisch mit einer Sache umgehen.*
Es betrifft Geld, Gesundheit, Lebensmittel, Wasser, das man verplempert, das Licht, das man unnötig brennen lässt, usw. Das Wort changiert etwas zwischen verschwenden und unachtsam umgehen, auf unreinliche Weise verstreuen, durch Unachtsamkeit verderben.
Es ist das Gegenteil von einem sparsamen Verhalten und entspricht einer Mentalität und Zeit, in der der schonende Umgang mit allen Dingen für die meisten Menschen bittere Notwendigkeit und insofern eine Selbstverständlichkeit war. Unsere Überflussgesellschaft hat ein solches Verhalten nicht nötig, Gleichgültigkeit und Verschwendung regieren die Stunde.

rumdummen ☙ *Dummheiten, Unsinn machen.*
In dieses Umfeld gehört auch der Ausdruck *Dummchen* für ein kleines Mädchen.

rumfijucheln ☙ *herumtollen, herumspringen.*
Hat etwas Aufgedreht-Fröhliches. Wird bei Kindern gern gesehen, bei jungen Mädchen schon nicht mehr, denn da verändert das Wort seine Bedeutung in Richtung „herumflanieren" und nach jungen Männern Ausschau halten.

rumgnurren ☙ *ungehalten sein, nörgeln, Widerworte haben, allerdings auf eine etwas versteckte Art.*
Kommt auch in der Form *gnarren* vor.

rumlacheisern (mld.-lit.) ☙ *sich herumtreiben, herumrennen.*

rumschudneken (mld.-lit.) ☙ *ziellos, aber neugierig und mit viel Zeit in alten Städten und Dörfern herumstreunen, bevorzugt auf der Urlaubsreise.*
Dazu gehört es auch, vor interessanten Läden stehen zu bleiben oder auch hineinzuschnüffeln, immer auf der Suche nach einem originellen Mitbringsel.

Rumtreibersche ☙ *ein junges Mädchen, das sich zu früh mit Männern einlässt und so seinen Ruf gefährdet.*
In dieser Beziehung herrschten auch im Elternhaus von Lena Grigoleit im Memelland strenge Maßstäbe, über

die besonders der Vater wachte. So erzählt sie von ihrer Jugend:

„Alles interessierte mich, alles war mir schön. Auch nachts konntest du mich schicken, wohin du wolltest. Ich hatte keine Angst, im Dunkeln zu gehen. Abends, im Frühjahr, wenn schon März war oder April, bin ich immer rausgelaufen auf die Paradiesstraße und ließ mich vom Wind anpusten. ‚Das ist Rumtreiben', sagte Vater, ‚das darf nicht sein.'"[25]

Die armen Mädchen! Sogar im Paradies mussten sie auf der Hut sein und die harmlosesten Vergnügungen konnten ihnen falsch ausgelegt werden. War man erst mal als *Rumtreiberscher* abgestempelt, dann war es sehr schwer, seinen guten Ruf wiederherzustellen.

Darum merke: „Scheenhäeit verjeht, Tugend besteht", wie schon meine Tilsiter Großmutter sagte.

ruscheln ☙ *ein kleines Geräusch machen, hängt mit rascheln zusammen.*

Im Wörterbuch von Johann Georg Bock, Königsberg 1759, heißt es dazu: „ein wenig rauschen, ein klein Geräusch machen, so wie etwan eine Mauß, wenn sie über das Stroh hin läuft." (S. 53). Ein origineller, die Sache genau treffender Vergleich. Das „sch" muss weich gesprochen werden, im Gegensatz zu *rascheln.*

25 Lachauer, Ulla: Paradiesstraße, Lebenserinnungen der ostpreußischen Bäuerin Lena Grigoleit, Hamburg 2003, S. 17

Es gibt auch den Ausdruck *Ruscheldups* für ein kleines Kind, das auf dem Stuhl nicht stillsitzen kann. Ein sehr ostpreußisches Wort, anschaulich und lautmalerisch.

ruschpeln ❧ *sich kurz vor dem Aufwachen dehnen und strecken, sich rekeln.*

schabbern; Scheiminus;
Scheipine; scheiweln;
Schelwerchen; Schent; scherkuiken;
schesen; schichern;
Schinder; Schischkes;
Schisslaweng; Schlauben;
Schlorren; Schlubber; schlubbern;
Schlunz; Schlunzsuppe;
schmackostern; Schmadder(-
kuchen); Schmand; Schmunzelsoße;
schnabulieren; Schnittke/
Schnittka/Schneduske; Schnodder;
schnurgeln; Schubiak; Schudkus;
schurren; schusslich; Schutt/
Szud/Szutt/dumme Schutt; Smik;
Spachheister; spenkern; spicken;
Spickfuß geben; spiddrig; Spirgel;
stiemen; (sich) stremmen; Strempel;
Stritzel; strullen ; stuken;
Schurrmurr/Schurrimurri;
Szamaiten/Schamaiten

schabbern ❧ *Schwatzen, besonders von Frauen.* Das „sch" wird weich gesprochen.
So kann man einen Schwatz mit der Nachbarin über alltägliche Dinge halten oder Neuigkeiten austauschen, Tendenz endlos. Überall, wo mindestens zwei Frauen zusammenkamen, wurde *geschabbert*, am Gartenzaun, im Lebensmittelladen, in der Küche, auf der Treppe, auf der Straße, wohingegen die Männer eher durch bedeutungsvolles Schweigen auffielen. In Norddeutschland würde man dieses urmenschliche Bedürfnis *schnacken* nennen. Dies bezieht sich hier allerdings auf Männer *und* Frauen. Wer zu viel schabberte, war eine *Schabberinski*, im Norddeutschen würde man wohl derb „alte Quatschtante" sagen.

Scheiminus (mld.-lit.) ❧ *Familie, Angehörige, Sippe.* Wie bei vielen ostpreußischen Ausdrücken liegt die Bedeutung nicht ein für alle Mal fest, sondern wird auf andere Sachverhalte übertragen, so auch hier.
In der Folge wird daraus die Bezeichnung für eine bestimmte Gruppe oder Gesellschaft, allerdings nicht der feineren Art wie zum Beispiel einer gutbürgerlichen Hochzeitsgesellschaft, sondern einfacherer Herkunft. Eine gewisse Ähnlichkeit mit der jiddischen *Mischpoke* ist zwar unverkennbar, aber der memelländische Ausdruck ist nicht so abwertend wie der jiddische. Als Beispiel mag folgender Satz dienen: Nach einer geselligen Veranstaltung zieht die *ganze Scheiminus*, d. h. die ganze Korona, noch in ein anderes Lokal und feiert dort weiter.

Scheipine (mld.-lit.) ❧ *ein Mädchen, das ein wenig aufgemotzt oder extravagant aufgemacht ist.*
Sehr weit entfernter, seltener Ausdruck und deshalb nicht mehr ganz klar zu bestimmen.

scheiweln ❧ *ungelenk und ungraziös gehen.*
Kommt besonders bei älteren Männern und Frauen vor, leichtes Schlurfen kann auch dabei sein oder das Gehen mit nach innen gekehrten Füßen und schiefen Absätzen.

Schelwerchen ❧ *ein dünnes Stückchen oder Scheibchen, das man sich von einem großen Stück, etwa einem Käse, abschneidet.*
An der Käsetheke (früher im Lebensmittelladen) oder auf dem Markt kann dem Kunden ein *Schelwerchen* zum Probieren angeboten werden.

Schent / Szent (mld.-lit., vielleicht englisch) ❧ *Verehrer, Freund eines Mädchens oder einer Frau, der manchmal auf preußisch-grobe Art auch „Kerl" genannt wurde.*
Das Wort klingt wie eine Verkürzung von *gentleman*, aber die Herkunft aus dem Englischen ist unsicher. Schön wär es ja – denn das hätte etwas von der feinen englischen Art in die Niederungen der Memel getragen. Auch ein französischer „Jean" aus der Napoleonzeit kommt wohl eher nicht infrage, auch wenn die Aussprache mit dem ostpreußisch weichen „sch-Laut" am Anfang des Wortes zu solch schönen Assoziationen führt.

scherkuiken (mld.-lit.) ☙ *lärmen.*
Die genaue Übersetzung ist schwierig. Die Grundbedeutung scheint dem *tramduiken* verwandt zu sein, d. h. ein bisschen Krach machen ohne Musik. Dazu könnte eine Verwendung des Wortes passen, die das Zwitschern der Vögel meint, wenn es einen gewissen Geräuschpegel überschreitet, z. B. das Lärmen der Spatzen an einer efeuüberwachsenen Hauswand.

schesen / schäsen ☙ *schnell und wild herumfahren, aber auch schnell gehen, spontan und einfach so drauflos.*
Z. B. in *er scheest um die Ecke* bzw. *er scheest ab*, d. h. er haut ab; hier schwingt ein negativer Unterton mit.
Kommt höchstwahrscheinlich von frz. *chaise*, einem Wort mit mehreren Bedeutungen, unter anderem für Postkutsche.

schichern ☙ *Hühner aufstöbern und wegjagen.*
Kommt wahrscheinlich von „verscheuchen“. Das Partizip *verschichert* kann aber auch auf Menschen bezogen werden, meint dann verängstigt oder eingeschüchtert.

Schinder; weiß der Schinder ☙ *Weiß der Teufel! Ausruf, Ausdruck leichten Ärgers.*
Typische Situation: Man sucht einen Gegenstand, den man zum wiederholten Male verlegt hat, etwa die Brille, das Portemonnaie oder den Schlüsselbund. „Weiß der Schinder, wo ich das wieder hingelegt habe!“, heißt es dann, ungehalten über die eigene Schussligkeit.

Schischkes ☙ *Tannenzapfen.*
Im Polnischen, Russischen und Litauischen ähnlich lautendes Wort.
Wurde auf der Kurischen Nehrung (aber nicht nur dort) für die Tannenzapfen gesagt, mit denen die Flundern geräuchert wurden. Der kurz aufeinanderfolgende scharfe „sch-Laut" mit dem abschließenden scharfen „s" ist schon ein ziemlicher Zungenbrecher und hat von der Lautgestalt her einen gewissen Bezug zum litauischen Ausdruck *Schuschescheles tomaschasses*, was so viel wie „Hundchen, du mein Kleinerchen" heißt. Die Schreibweise orientiert sich lediglich am gesprochenen Wort. Ähnlich den *Schischkes* ist der Ausdruck *Burren* für Kiefernzapfen.

Schisslaweng / Zislaweng ☙ *besonderer Dreh, Schwung.*
Mit einem *Schisslaweng* eine Sache erledigen, heißt: mit einem Kniff das Problem lösen. Bezieht sich auf praktische Dinge des Alltags. Man kann aber auch mit einem *Schisslaweng* unterschreiben, d. h. mit einem schwung- und kunstvoll hingesetzten Schnörkel. Herkunft des Wortes allerdings unsicher, es wird ein berlinischer Ursprung vermutet.

Schlauben ☙ *Schalen der Hülsenfrüchte, speziell der Erbsen.*
Eine richtig gute Erbsensuppe wurde in Ostpreußen aus gelben, ungeschälten Erbsen gekocht, und die hatte eben *Schlauben*. Sie sind geradezu das Signum für die

Qualität einer Erbsensuppe und lösen sich bereits, wenn man die Erbsen über Nacht einweicht. Nichts Schöneres, als am nächsten Tag den Deckel zu heben und zu sehen, wie der Topf randvoll mit *Schlauben* gefüllt ist, während die schwereren Früchte auf dem Boden liegen. Die *Schlauben* und die Früchte dürfen nicht zerkocht werden, ihr Anblick macht einen Teller Erbsensuppe erst richtig attraktiv (aber nur mit Majoran natürlich) und erfreut des Kenners Herz. Aber dieser ungetrübte Anblick ist leider selten geworden, denn ungeschälte, gelbe Erbsen gibt es noch nicht einmal mehr im Reformhaus, im besten Fall bekommt man grüne, und wenn man Pech hat, sind es geschälte, aus denen nur ein grüner Pamps bzw. *Grutsch* entstehen kann. Der ist von einer echten Erbsensuppe so weit entfernt wie ein Plastikapfel, etwa ein Golden Delicious, von einem natürlich gewachsenen Gravensteiner.

Schlorren ☙ *abgetretene Holzpantinen, auch ausgelatschte Hausschuhe.*
Der Klang des Wortes zeigt schon an, dass es sich hier nicht um normale Lederschuhe handelt.
Es gibt dazu auch die Redewendung „du siehst aus wie ein Geist auf Schlorren“, was so viel meint wie bleichgesichtig und hohlwangig nach übergroßer Anstrengung. Das könnte z. B. für eine junge Lehrerin zutreffen, die nach einer Klassenfahrt mit einer wilden Klasse und fünf durchwachten Jugendherbergsnächten völlig erschöpft aus dem Zug wankt, von ihrem Mann aber

selbstverständlich nicht mit diesem derben ostpreußischen Späßchen begrüßt, sondern liebevoll in die Arme genommen wird.

Schlubber ❧ *ein kleiner Schluck.*
Häufig auch in der Verkleinerungsform *Schlubberchen* benutzt.
Das *Schlubberchen* kann aus der Milch-, der Saft-, aber auch aus der Schnapsflasche genommen werden und geht in der Regel mit einer freundlichen Aufforderung einher.

schlubbern ❧ *geräuschvoll schlürfen.*
Vorzugsweise eine Suppe, mit dem Unterarm auf der Tischplatte und tief über den Teller hinabgebeugtem Kopf, um den Aufwand bei der Bewegung des Löffels möglichst gering zu halten. Tischmanieren der feineren Art spielen dabei keine Rolle. Die Nähe zu „schlabbern" ist offenkundig. Ein typisch ostpreußisches, lautmalerisches Wort.

Schlunz ❧ *unordentlicher, ungepflegter Mensch.*
Das Wort gibt es auch als Adjektiv *schlunzig*. Ob es das entsprechende Verb *herumschlunzen* gegeben hat oder ob es eine Eigenerfindung ist, weiß ich nicht. Es ist auf jeden Fall ein treffender Ausdruck für jemanden, der ohne jeden Sinn für sein äußeres Erscheinungsbild ungepflegt und nachlässig durch die Gegend oder durch das Leben *schlunzt* und dabei die Füße kaum hochhebt.

Schlunzsuppe ☙ *Wassersuppe, Gegenteil zu Grutsch.* Stammt aus der Zeit der Kriegsgefangenschaft bzw. der unmittelbaren Nachkriegsjahre, als ein Stück Fleisch noch eine Seltenheit war; galt aber als ganze Mahlzeit. Heutzutage gar nicht mehr vorstellbar.

schmackostern ☙ *ostpreußischer Osterbrauch.* Am Ostermontag gingen die Dorfkinder mit frisch ausgeschlagenen Birkenreisern von Haus zu Haus, um vielleicht Langschläfer zu erwischen, die man mit den Ruten auf die nackten Beine schlagen konnte, dabei wurde folgender Schmackostervers aufgesagt, hochdeutsch, platt oder auch masurisch:

Oster, Schmackoster
fünf Eier, Stück Speck,
vom Kuchen das Eck,
dann geh ich gleich weg.

Auf Masurisch habe ich diesen Bettelvers in etwas anderer Form von meinem Vater gehört, obwohl er sonst kein Masurisch konnte, der Vers hieß in etwa so:

Tzimam cäsam patki,
prose o käwälek flatki,
i jajusko do tego
nie pudzem do drugiego

Übersetzt würde das folgendermaßen heißen:
(Die erste Zeile konnte nicht rekonstruiert werden)
bitte um ein Stückchen Fladen,

und dazu ein Eichen,
dann gehen wir zu keinem andern.[26]

Schmadder(-kuchen) ❧ *etwas Weiches, Breiiges.* Im übertragenen Sinne versteht man darunter eine Kuchenfüllung aus Buttercreme, Pudding, Schlagsahne oder einer anderen weichen, aber schmackhaften Masse, oft auch künstlich hergestellt. Die hohe Zeit der *Schmadderkuchen* war die Nachkriegszeit, denn sie bildeten bei Kindergeburtstagen die Spitze der Begehrlichkeit. Zuckerkuchen, Mohnstriezel, Sandkuchen, Blechkuchen waren nichts im Vergleich zu einem Stück gefülltem Bienenstich, aus dem die weiße Füllmasse an den Seiten schon verführerisch herausquoll und die man in einem unbewachten Augenblick mit der Gabel abstreifen und gierig ablecken konnte. In den Auslagen der städtischen Bäckereien und Konditoreien waren die *Schmadderkuchen* einschließlich wohlgefüllter Schillerlocken das Ziel unerfüllbarer kindlicher Sehnsüchte, denn Geld zum Kaufen hatte man nicht. Sie blieben so unerreichbar wie der Mond.
Es gibt auch das Verb *beschmaddern*, das passierte in der Regel Kleinkindern, die sich beim Essen die Mundpartie, die Hände oder die Kleidung „beschmierten." Beispiel: „Hast dir all beschmaddert!"

---

26 Die masurische Schreibweise und die Übersetzung habe ich Günter Donder zu verdanken, der auch ein „Kleines Masurisches Wörterbuch" verfasst hat.

Schmand ❧ *ostpreußische Form der sauren Sahne mit einem etwas höheren Fettgehalt als hierzulande üblich.*
Schmand spielte in der ostpreußischen Küche eine große Rolle, so war z. B. *Schmand mit Glumse* ein typisch ostpreußisches Essen. Auch heutzutage ist Schmand wieder sehr populär, schon seit längerer Zeit wird er in den Kühlregalen der Supermärkte angeboten und ist fast ein bisschen „Kult" geworden. Das Wort kam übrigens nicht nur in Ostpreußen vor.

Schmunzelsoße ❧ *sehr einfache Soße, Armeleutesoße.*
Passt zu *Schlunzsuppe* und *Grutsch*, den beiden anderen kulinarischen Highlights der Flüchtlingsküche aus der Nachkriegszeit. Fett und Mehl wurden in der Pfanne angebräunt und anschließend mit Wasser aufgegossen. Da lachte den armen *Paschentern* und *Prachern* aus dem Osten das Herz, und sie schmunzelten still vergnügt in sich hinein.

schnabulieren ❧ *mit großem Behagen kleine Leckereien schmausen.*
Kommt von „Schnabel" und ist von den Vögeln, die beim Picken den Schnabel gierig und hurtig hin- und herbewegen, auf den Menschen übertragen worden.
Die Ho(o)chzeit für das Schnabulieren war Weihnachten, da konnte man mal so zwischendurch kleine, süße Leckereien mit spitzem Finger vom Bunten Teller „picken". Der Ausdruck könnte von schlesischen Einwanderern stammen.

Schnittke / Schnittka / Schneduske, im Memelland und im nördlichen Ostpreußen **Betenbartsch** ☙ *Rote Bete, auch: Suppe daraus.*
In Masuren gebräuchlich.
Die pürierte Suppe wurde entweder mit Salzkartoffeln gegessen oder mit angebratenen kleinen Speck- und Zwiebelstückchen angereichert. Es konnten auch angebräunte Bröckchen aus altem Weißbrot dazugegeben werden. Im Grunde war es eine Armeleutesuppe und für Kinder nicht so erhebend. Die ungleich gehaltvollere Variante ist der russische bzw. ukrainische Borschtsch. Die gibt es in Ostpreußen auch und wird *Betenbartsch* genannt, wobei der zweite Wortteil – bartsch – vom russischen Borschtsch abgeleitet ist. Russland und das Russische, von denen das Memelland und die nördlichen Teile Ostpreußens ja gar nicht so weit entfernt waren, haben hier eine originelle sprachliche Spur hinterlassen. Bis nach Masuren ist dieses schöne Wort allerdings nicht vorgedrungen, dort wurde *Schnittka* gesagt, regional vereinzelt auch *Schneduske*. Obwohl das Wort *Betenbartsch* in der Familie meiner Tilsiter Großmutter durchaus gebräuchlich war, wurde es in den Sprachschatz der Nachkriegszeit nicht übernommen. Ich habe es erst 60 Jahre später in der Ostpreußischen Landsmannschaft kennengelernt.

Schnodder ☙ *Nasenschleim.*
Markenzeichen einer Berliner Rotzgöre aus dem „Zillemiljöh“, aber nicht nur da. Auch in Ostpreußen hing

den kleinen Kindern, besonders bei denen aus einfachen Verhältnissen, der Schnodder ständig unter der Nase, denn Taschentücher hatten kleine Kinder nicht.

schnurgeln ❧ *die Nase hochziehen, Rotz (den Schnodder) mit einem schnurgelnden, leicht krachigen Geräusch hochziehen.*
Das taten früher die Kinder bzw. Jugendlichen gerne, wenn sie Schnupfen hatten, weil sie in der Regel keine Taschentücher hatten, von Tempotaschentüchern ganz zu schweigen, der Rotz aber irgendwo hin musste, also zog man ihn hoch, solange es ging, damit man sich nicht schnauben musste. Das missfiel aber den Eltern oder anderen Erwachsenen, weil dieses Verhalten nicht dem feinen Benehmen entsprach und das wiederholte schnurgelnde Geräusch als störend und unerzogen empfunden wurde. Lautmalerisches Wort, das den unappetitlichen Geräuschvorgang kongenial zum Ausdruck bringt.
Es gibt aber noch eine ganz andere Lösung für dieses Problem: Man hält sich das eine Nasenloch zu und rotzt den Schnodder durch das andere mit Nachdruck auf den Bürgersteig. So geschehen durch einen russischen Soldaten in Eberswalde bei Berlin kurz nach Kriegsende zur Freude einer nachfolgenden Passantin, die dieses „Erlebnis“ nie vergessen hat. Das ist die Methode „Mütterchen Russland“, von genialer Einfachheit, aber durchschlagender Wirkung, denn sie erspart das Schnurgeln wie das Taschentuch.

Schubiak ❧ *ein Mensch, der nicht anständig handelt, sondern sich schäbig verhält, ein Schuft also.*
Aus diesem deutschen Wortstamm ist *Schubiak* wahrscheinlich abgeleitet.

Schudkus (mld.-lit.) ❧ *alter, schlichter Mensch ohne richtigen Beruf, der sich hier und da nützlich macht und sich schlecht und recht durchs Leben schlägt.*
Als *Schudkus* bezeichnete man im Tilsiter Raum etwa den Hausierer, der mit seinem Blechkoffer voller Kurzwaren über die Dörfer zieht und bei seinen Stammkunden auch etwas zu essen bekommt. Solche Existenzen gab es auch nach dem Krieg überall in Deutschland wieder bis weit in die fünfziger Jahre hinein, sie passten gut in die anarchische Nachkriegszeit, in der noch vieles im Fluss war und viel Armut herrschte.
Vermutlich ist der *Schudkus* eine Gestalt aus der Stadt, die man zur Zeit der Französischen Revolution zum Vierten Stand, dem sogenannten niederen Volk, gezählt hätte. Er verdiente mit irgendeiner handwerklichen oder gewerblichen Tätigkeit als Nichtsesshafter und oft auch ohne Familie seinen kärglichen Lebensunterhalt. In den Nischen der städtischen Gesellschaft verrichtete er notwendige Dienste ohne irgendeine Form der sozialen Absicherung und war deshalb auf das Wohlwollen der Menschen angewiesen, woraus sich oft eine gewisse menschliche Nähe ergab. Von daher hat das Wort einen leicht familiären Unterton. Ein *Schudkus* konnte aber auch ein kleiner Häusler auf dem Lande sein, der

durch Gelegenheitsarbeiten wie die Pflege des Friedhofs oder Reparaturarbeiten verschiedenster Art sein kärgliches Einkommen aufbesserte.
Und so gehört der *Schudkus* wie der *Pracher* und arme *Paschenter* in der damaligen bürgerlichen Gesellschaft zum Heer der armen Leute, die ohne geregelte Arbeit und ohne soziales Netz, aber auf anständige Art versuchten durchs Leben zu gehen, eine Gestalt, die längst einer vergangenen Zeit angehört.

schurren ❧ *mit Holzpantinen nach Anlauf möglichst weit entlangschlittern.*
Auf einer künstlich hergerichteten Eisbahn (See, Teich, aber auch Straße) wurde dies im Winter gemacht. War auch eine kleine Mutprobe, wer am weitesten kam, hatte gewonnen.

Schurrmurr / Schurrimurri ❧ *Zusammengescharrtes, ursprünglich wohl mit den Füßen, wie bei den Hühnern, um dann zu prüfen, ob sich darunter ein fressbares Bröckchen befindet; im übertragenen Sinne etwas Wertvolles oder Brauchbares.*
Daraus entwickelte sich eine Wortspielerei zur Bezeichnung von durcheinanderliegenden, wertlosen Gegenständen kleineren Formats, bei größeren würde man wohl eher von Gerümpel sprechen. Eine alte Schublade oder auf dem Boden abgestellte Kiste kann voller *Schurrmurr* sein: ein alter, abgeschraubter Wasserhahn, verschiedene eingetrocknete Lackbüchsen, steinhart ge-

wordene, alte Pinsel, weil man sie nicht ausgewaschen hat, eine verrostete, offene Konservenbüchse mit Ölrückständen, eine ausgediente Flickerpuppe mit einem Bein, ein auseinandergenommener Küchenwecker ohne Feder, ein Hampelmann ohne Kopf usw. usw. Man schmiss das alles nicht gleich weg, sondern sammelte es zunächst einmal an einem geeigneten Ort, häufig *auffe Lucht* oder in einer Abstellkammer, wo sowieso schon alles *vollgekrasselt* war. Kinder lieben Schurrmurr, in dem Durcheinander der verschiedensten Gegenstände kann man herrlich herumwühlen und auf Schatzsuche gehen, vielleicht gibt es ja noch etwas zu entdecken.
In unserer aufgeräumten Wegwerfgesellschaft hat es der Schurrmurr schwer. Vielleicht ist er auch schon *ausjestorben*. Ob es sich beim Schurrmurr um ein genuin ostpreußisches Wort handelt, ist fraglich, auf jeden Fall ist es aber eines dieser lautmalerischen Worte, von denen die ostpreußische Sprache voll ist.

schusslich ☙ *zerstreut, durchgedreht, ungeschickt, vergesslich, fahrig.*
Gibt es auch als Substantiv: „Du bist ein Schussel", d. h., das ist jemand, der seine fünf Sinne nicht beisammen hat und Wichtiges vergisst. Das „ss" wird weich gesprochen.

Schutt (gesprochen) / Szud / Szutt / dumme Schutt ☙ *abwertender Ausdruck für ein dummes Mädchen, kann aber auch auf Frauen jeglichen Alters übertragen werden.*

Es kann einerseits floskelhaft benutzt werden, ohne tieferen Hintersinn, andererseits kann es aber auch durch seine derbe Direktheit verletzend wirken.
Worin die Dummheit der *Schutt* besteht, kann nicht mit Bestimmtheit gesagt werden, vermutlich ist damit alles gemeint, was dem Sprecher im Augenblick an einer Person nicht passt. Ich kenne das Wort nur in Verbindung mit diesem abwertenden Adjektiv, also als *dumme Schutt.* Eine alleinstehende *Schutt* gibt es nicht. Ein weibliches Wesen muss es aber schon sein. Die Männerseite ist mit dem *Duschak* oder *Dämlack* ja bereits gut besetzt.
Schutt ist eines dieser typisch ostpreußischen Wörter mit dem weichen „sch-Laut" am Anfang oder in der Mitte wie *Schent, schabbern, Schamaiten* oder *Paschieske.* Spricht man das Wort mit einem scharfen „sch", könnte man die *Schutt* mit dem Schutt verwechseln, gäbe es nicht den unterschiedlichen Artikel.
Auch auf bekannte Persönlichkeiten der Geschichte ist dieser Begriff schon angewendet worden, so auf die französische Königin Marie Antoinette, die, berühmt für ihre Vergnügungs- und Verschwendungssucht, dafür 1793 auf dem Schafott büßen musste. Dieses historische Ereignis kann man verschieden beurteilen und differenziert begründen, man kann es aber auch mit einem einzigen, treffenden Satz sagen, wie ich ihn einmal gehört habe, nämlich: „Marie Antoinette war eine dumme Schutt." Hier zeigt sich noch einmal aufs Schönste die Kraft des Ostpreußischen, die Dinge

gnadenlos und ohne Umschweife auf den Punkt zu bringen.

Smik (mas.) ☙ *Geigenbogen, russisch: ssmitschok (in lateinische Buchstaben transponiert).*
Die folgende Geschichte spielt sich in einer Dorfschule in Masuren ab, wahrscheinlich gegen Ende des 19. Jahrhunderts, vielleicht aber auch schon früher, als das Masurische von den einheimischen Lehrern zum Teil noch beherrscht wurde. Zum Erschrecken des Lehrers ist unangemeldet der Schulrat erschienen und möchte eine Musikstunde sehen und hören. Der Lehrer will natürlich einen guten Eindruck machen und so holt er den verstaubten Geigenkasten vom Schrank, weil er die Kinder beim Singen auf der Geige begleiten will, aber o weh: Es fehlt der Geigenbogen! Offenkundig war die Geige schon längere Zeit nicht mehr gespielt worden, was dem Schulrat natürlich nicht entgeht. Der Lehrer bewahrt Fassung, täuscht trotz schlechten Gewissens Zuversicht vor und spricht den legendären Satz: „Wir werden den Smik schon finden." Er stellt zur klammheimlichen Freude der Schüler das Schulzimmer auf den Kopf, geht auch in die benachbarte Lehrerwohnung, kommt unverrichteter Dinge wieder zurück, er sucht und sucht, aber er findet den Geigenbogen natürlich nicht, wie leicht vorauszusehen war. Irgendwann wird es dem Schulrat zu bunt, und er beendet die Suchaktion mit den Worten: „Nun lassen Sie das doch endlich und beginnen Sie mit dem Un-

terricht!“ Aber anstatt das Malheur einzugestehen und die Stunde anders zu gestalten, behauptet der Lehrer mit dem Mut der Verzweiflung weiterhin: „Wir werden den Smik schon finden“, und offenbart damit seine ganze pädagogische Unfähigkeit, bis der Schulrat das peinliche Spiel beendet. Was für eine Folge das für den armen Dorfschulmeister hatte, ist nicht überliefert, der Satz selbst aber fand als originelle Redensart Eingang in den Familienwortschatz und wird, weil er sich leicht auf verschiedene Situationen übertragen lässt, durchaus

Smik

noch angewendet. So bleibt ein kleines Stück Masuren mit seinem hintergründigen Humor bis in die Gegenwart lebendig.

Spachheister ❧ *schmächtiger, dürrer, hoch aufgeschossener junger Mensch.*
Männliches Pendant zu *Rachachel*, ein meist unvorteilhaftes Produkt der Pubertät, das erst noch in die richtigen Proportionen gebracht werden musste.

spenkern ❧ *jemanden antreiben, etwas zu tun, ihn in seiner Ruhe aufstören oder aus dem Bett schmeißen, wenn er zu lange schläft.*
Für alle jungen Langschläfer natürlich ein Graus. Soll aber auch beim Berlinmarathon von 1985 vorgekommen sein, als einem schon etwas älteren Marathonläufer seine Tante, bei der er nach erfolgreich absolviertem Lauf erschöpft die Nacht verbrachte, am nächsten Morgen völlig entnervt die Bettdecke von den Beinen riss, nachdem er mehrere Aufforderungen, endlich aufzustehen, geflissentlich überhört hatte. Das ist *spenkern* in seiner schönsten, aber auch radikalsten Form.

spicken ❧ *stechen, stoßen.*
Zum Beispiel mit einer Stricknadel den Kuchen in der Kastenform spicken, um festzustellen, ob er richtig aufgeht und nicht *klietsch* ist. Aber auch die Gans in der Bratröhre wurde auf diese Weise *gespickt*, um sicherzugehen, dass sie „durch" war. Der Anwendungsbereich

des Wortes ist vielfältig und nicht nur auf Ostpreußen beschränkt.

Spickfuß geben ☙ *jemandem einen Tritt geben.*
Das kann allerdings statt eines Hinterteils auch eine verriegelte Tür sein, wenn es sich um zwei russische Soldaten handelt, die im 1. Weltkrieg, als die russische Armee bis nach Masuren vorgedrungen war, bei Anbruch der Nacht für ihren kranken Hauptmann ein Quartier suchen und vor einem verschlossenen Haus stehen. Nachzulesen bei Siegfried Lenz in *Heimatmuseum*: „Einer von ihnen pochte ans Fenster, hämmerte gegen die Gartentür; da niemand öffnete und auch kein Licht aufflammte, ging er zu seinem Kameraden, der ihn ums Haus herumschickte, zum Haupteingang, wo er gleich darauf hämmerte und rief und der verriegelten Tür Spickfüße versetzte.“[27]

spiddrig ☙ *dünn, mager.*
Besonders auf Heranwachsende bezogen. Ein langer Lulatsch z. B. könnte *spiddrig* sein, auch ein langes *Rachachel* im Gegensatz zum *Prömmel* oder *druggligen* Mädchen.

Spirgel ☙ *ein Stück durchwachsener, gebratener Speck.*
So könnte man aber auch das *verkrunschelte* Stück Bacon nennen, das man beim englischen Frühstück serviert bekommt.

---

27 Lenz, S.: Heimatmuseum, a. a. O., S. 16

stiemen ☙ *heftig schneien.*
Wichtig ist, dass der dicht fallende, trockene Schnee durch einen böigen Wind entweder in Schneefahnen über die Erde gejagt oder so verwirbelt wird, dass man meint, die Schneeflocken tanzten. Geht man bei einem solchen Wetter aus dem Haus, schlägt einem sofort eine Schneewolke ins Gesicht, sodass man kaum etwas sehen kann. Die Steigerung wäre dann der Schneesturm. In Ostpreußen bei den schneereichen Wintern gewiss keine Seltenheit.

(sich) stremmen ☙ *seine Kräfte bis zum Äußersten anspannen, sich sehr anstrengen.*
Kommt auch als *mitstremmen* vor; wird gesagt, wenn man mit den anderen in Konkurrenz mithalten will.

Strempel ☙ *abgeblühter, längerer Blumenstängel, etwa ein Orchideenzweig ohne Blüten.*
Im Blumenbeet werden die unansehnlichen Relikte von Astern oder Margeriten normalerweise entweder rausgerissen oder abgeschnitten, nur diejenigen, die von Gartenarbeit nichts verstehen, lassen die braunen Strempel zum Ärger der Nachbarn einfach stehen.

Stritzel ☙ *einfaches Hefegebäck in länglicher Brotform, leicht gesüßt.*
Manchmal zur Freude der Kinder mit wenigen Rosinen durchsetzt, die in unbewachten Augenblicken natür-

lich gern herausgepult wurden. Kam in der Regel nur sonntags auf den Tisch. Gilt als typisch ostpreußisch. Die edlere Variante ist der Mohnstriezel, in den eine gesüßte Mohnrolle mit Rosinen eingebacken wird und zwar so, dass die Mohnfüllung nicht zu trocken und nur von einem dünnen Teigrand umschlossen ist. In unserer Familie gab es den Mohnstriezel lange Zeit nur zu Weihnachten. Er war eben etwas Besonderes und immer selbst gemacht.

strullen ☙ *geräuschvolles Urinieren mit strammem Strahl, etwa wie eine Kuh auf der Weide.*
Lautmalerisches Wort, das aber nicht genuin ostpreußisch ist. Wer kennt nicht den Reim aus Grimms Märchen „Strip, strap, strull, ist der Eimer noch nicht vull"? Auch literarisch hoffähig ist das Wort, und zwar – wen wunderts? – bei Günter Grass in *Katz und Maus*: „Während sich hinter uns das Strullen unter Gekicher und Flüstern gleichzeitig zweistimmig vollzog, hielten wir uns an das schwarze Ameisengewimmel vor Brösen und auf dem vereisten Seesteg."[28] Da weiß man doch gleich, wer was macht.

stuken ☙ *stauchen, untertauchen, abwärts stoßen, einweichen.*
So wurde die Wäsche durch Stuken, d. h. durch wiederholtes Stauchen im Waschkessel gereinigt. Johann

28 Grass, G.: Katz und Maus, a. a. O., S. 32

George Bock sagt dazu: „das Zeug bey dem Waschen an den Boden des Waschgefässes stampfen, um solches desto mehr zu reinigen“ (a. a. O., S. 67). Aber auch gekochte Kartoffeln konnten *gestukt* werden, dann entstanden *Stukkartoffeln*, eine Art grober Kartoffelbrei, der aber nicht mit einem Wiener Schnitzel und Rahmsoße garniert wurde, sondern mit hartgekochten Eiern in Senfsoße. Wir Kinder machten dann eine kleine Kuhle (ein *Kaulchen*) in die Stukkartoffeln, da hinein kam die Soße. Ein Armeleuteessen in der Nachkriegszeit, und für Kinder nicht so erhebend; eine Bratwurst wäre uns lieber gewesen, aber die lag jenseits aller Vorstellungen.

Szamaiten

Ausdruck meiner Tilsiter Großmutter für die litauischen Kleinhändler, die in „Übermemel“, also jenseits der berühmten Luisenbrücke in Tilsit, direkt hinter der Grenze, in Panjewagen ihre einfachen landwirtschaftlichen Produkte verkauften, hauptsächlich Äpfel.

Viel Geld war damit nicht zu verdienen und so machten sie einen entsprechend ärmlichen, aber auch fremdartigen Eindruck. Kenntlich schon an ihren langen Bärten, trugen sie auch im Sommer lange Fellmäntel, Fellmützen und Stiefel und entsprachen so in etwa dem Propagandabild, das die Nazis von den Ostjuden verbreiteten. Wahrscheinlich waren sie Juden, dafür spricht unter anderem die Tatsache, dass sie andernorts „Äppeljuden“ genannt wurden und dass sie nicht als Bauern, sondern eher als Händler auftraten.[29] Diese jüdischen Szamaiten sind wahrscheinlich alle im Laufe des Zweiten Weltkriegs von den Deutschen ermordet worden, vielleicht sogar unter Mithilfe der Litauer selbst. Lena Grigoleit erwähnt diese Massaker, die mit dem Russlandfeldzug 1941 im Memelgebiet sofort begannen, in ihren Lebenserinnerungen.[30] Und so sind die Szamaiten aus der Geschichte verschwunden, so, als wenn es sie nie gegeben hätte.

Aber nicht nur die alten Szamaiten sind verschwunden, sondern auch die Luisenbrücke, die Stadt Tilsit, die jetzt Sowetsk heißt, und ganz Ostpreußen sind untergegangen, wie es Arno Surminski am Ende seines Romans *Sommer vierundvierzig* beschreibt.

„Es sind schon viele Länder untergegangen, aber keines versank so gründlich, wie das Land zwischen Memel und Pregel. Als es nach fünfzig Jahren wieder auftauchte, reisten sie hin, um das Wunder zu betrachten, erschraken aber, weil es ein fremdes Land war. Der alte Sudermann war verstummt, seine ‚Reise nach Tilsit' konnte nicht mehr stattfinden, weil das Ziel einen anderen Namen bekommen hatte. Auch die sarmatischen Klaviere blieben stumm, ‚Levins Mühle' klapperte an anderen Bächen. Nur die Geschichte vermag noch etwas zu sagen. Wenn alle Namen vergessen sind, wird

29 Kurschat, Albert Heinrich: Das Memelländische ABC, Volkskundliches Wörterbuch des memelländischen Niederdeutsch, Oldenburg 1964, S. 27

30 Lachauer, U.: a. a. O., S. 44

Szamaiten

sie ein neues Lied anstimmen. Morgen schon, denn die Geschichte ist ohne Ende."[31]

Nichts ist so geblieben, wie es war. Aber auf dem Bild auf der gegenüberliegenden Seite spannt sich die Luisenbrücke als Symbol der Stadt Tilsit noch unzerstört über die Memel. Mitten auf der Brücke verlief seit 1918 die Grenze zwischen dem Deutschen Reich und Litau-

31 Surminski, A.: a. a. O., S. 443.

en, der Einfluss des Litauischen auf das Deutsche ließ sich allerdings von dieser Grenze nicht aufhalten, der memelländisch-litauische Anteil unseres kleinen „Lexikons“ zeigt dies nachdrücklich.

terras mam!

tramduiken

tranchieren

Trutsche

Tutschke

terras mam! (mas.) ☙ *masurischer Ausruf für „Jetzt hab ich dich!".*
Das konnte für Hühner, Gänse oder einen frechen, kleinen Bengel gelten, mit dem man etwas Unangenehmes vorhatte.

tramduiken / dramdojken (mld.-lit.) ☙ *Grundbedeutung ist „musikalisch Krach machen".*
In welcher Form, ist nicht sicher zu bestimmen. Die ursprüngliche Erklärung hieß: „Auf angenehme Art musikalisch lärmen, wie wenn die Feuerwehrkapelle von Weitem zu hören ist." Diese Übersetzung ist fast so schön wie das Wort selbst. Aber ein sehr viel später gemachter Erklärungsversuch ging eher auf das Gegenteil hinaus: „Auf zu laute Weise Musik machen, sodass andere gestört werden." Das Bedeutungsspektrum des Wortes ist also nicht genau festgelegt.
Unter dem Stichwort *Blubber* für Radio gibt es bei Kurschat im *Memelländischen ABC* ein hübsches Beispiel: „Mensch, stell bloß dem Blubber ab! Is nich zum Aushalten das ewige Dramdojken."[32]

tranchieren ☙ *ein größeres Stück Fleisch portionsgerecht zerlegen, in ähnlich große Stücke zerteilen, z. B. bei einer Weihnachtsgans.*
Das musste fachgerecht ausgeführt werden und erfolgte mit einem relativ schweren Tranchiermesser, das nur dieses eine Mal in Aktion trat.

---

32 Kurschat, A. H.: a. a. O., S. 27

Das Wort gehört zu den wenigen französischen Ausdrücken, die Eingang in den ostpreußischen Dialekt gefunden haben und einen Hauch feiner Lebensart in diese ferne, östliche Provinz gebracht haben. Nur beim Zerlegen der Weihnachtsgans tauchte dieses ominöse Wort in unserer Familie auf und verschwand dann wieder für ein Jahr in der Versenkung.

Trutsche ❧ *eine Frau, die sich von Kopf bis Fuß hausbacken anzieht.*

Besonders ältere, unverheiratete Lehrerinnen aus der Vorkriegszeit, Studienrätinnen zumal, standen nicht gerade im Ruf, sich modebewusst zu kleiden, und so wurden sie von den älteren Schülerinnen als *Trutsche* abqualifiziert, was über ihre pädagogische Befähigung natürlich nichts sagt. Aber die Schülerinnen hatten das Bedürfnis, dort vorne auch mal eine „flotte" Lehrerin stehen zu sehen, die vielleicht sogar einen Hauch von Eleganz und Weltgewandtheit verbreitete – und nicht nur solche, die entweder mit ihrem Fach oder mit Goethe verheiratet waren. Doch warteten sie meistens vergebens. „Das ist die Tragik des Lebens", wie schon der Dichter Ringelnatz in einem seiner melancholischen Kurzgedichte feststellte, allerdings handelte es sich hier um eine männliche Briefmarke, die in eine Prinzessin verliebt war; leider vergeblich.[33]

---

33 J. Ringelnatz in kleiner Auswahl als Taschenbuch, Karl H. Henssel Verlag, Berlin, 11. Auflage, 1971, Seite 5

Tutschke ❧ *kleines Schälchen, z. B. für selbst gemachte Marmelade zum Frühstück.*
Es können auch zwei oder drei *Tutschkes* sein, wenn man es liebt, mehrere Marmeladensorten auf dem Tisch zu haben, ohne das entsprechende Glas auf den Tisch zu stellen.

Ulepingste

Ulepingste ❧ *wörtlich übersetzt: Eulenpfingsten.*
Bis Ulepingste heißt eine Zeitspanne von unendlicher Dauer mit dem Sankt-Nimmerleins-Tag als Endpunkt.

verklauen

verknusen

verpimpelt

verpirren

verruschelt

verschampieren

verschmengert

vollgekrasselt

verklauen ☙ *etwas so verstecken, dass man es nicht wiederfindet, wenn man es braucht.*
Das gilt besonders für Schmuck oder persönliche Wertgegenstände.
Moderne Leute haben dafür einen Safe, andere *verklauen* ihren Schatz so gut, dass sie ihn nur durch Zufall und manchmal erst nach Jahren wieder entdecken. Das ist die Methode „Großmütterchen".

verknusen ☙ *kommt nur vor als „nicht verknusen können".*
Nicht leiden, nicht ausstehen, nicht vertragen können.

verpimpelt ☙ *verzärtelt, verzogen, verweichlicht, verwöhnt und zimperlich sein.*
Dazu gibt es auch die *Pimpellise*, ein zimperliches Mädchen. Dahinter stecken Erziehungsvorstellungen von einer gewissen Härte, auch sich selbst gegenüber.

verpirren ☙ *jemandem etwas vermiesen, ihn davon abhalten, etwas Bestimmtes zu tun.*

verruschelt ☙ *zerzaust, in Unordnung geraten.*
Bezieht sich in erster Linie auf Haare. Man wacht zum Beispiel mit *verruschelten* Haaren morgens im Bett auf, oder die Haare werden durch Wind oder Regen *verruschelt*, z. B. bei einer Fahrt mit dem Rad. Für Frauen konnte das früher ein großes Malheur sein, wenn sie sich für einen Besuch frisch frisiert hatten.

verschampieren ❧ *aus der Form bringen, im Besonderen: verderben, verschmutzen, verhunzen, verschandeln.*
Durch die Assoziation zu Shampoo würde man eher an das Gegenteil denken.

verschmengert ❧ *gierig auf Süßigkeiten bzw. Leckereien, vernascht.*
Wer *verschmengert* ist, kann keiner süßen Versuchung widerstehen. Gilt nicht nur für Kinder, sondern gerade auch für Erwachsene.

vollgekrasselt ❧ *vollgestellt, vollgestopft.*
Alles Mögliche kann *vollgekrasselt* sein, z. B. ein Schreibtisch, ein Arbeitszimmer, der Fußboden eines Zimmers mit lauter herumliegenden Spielsachen, eine Küche, in der lange nicht abgewaschen worden ist. Aber die besten Räume, die man *vollkrasseln* kann, sind der Boden und der Keller. Bei manchen allerdings ist die ganze Wohnung bzw. das Haus *vollgekrasselt.*

Was-che?

Wippchen

Wirtsche

wischig

Wischkodder

Wischkull/Waschkoll

Wruken

wurrachen

Was-che? ❧ *Verkleinerungsform des Fragewortes „was".*
Die beiden Silben werden getrennt gesprochen.
Das Bedürfnis, die Dinge durch das Anhängen des „che" zu verkleinern und zärtlich zu machen, ist typisch ostpreußisch und verleiht dieser Sprache eine menschliche Wärme, die sie auch mit dem Russischen teilt. Dort werden neben anderem die Vornamen gerne verkleinert: aus Nina wird *Ninotschka*, aus Alexander *Ssaschenka*, aus Maria *Maschenka* usw.
Das Ostpreußische ist in seinem Verkleinerungsdrang radikaler, nichts ist zu unbedeutend dafür, sogar ein nüchternes Fragewort nicht, der liebe Gott allerdings auch nicht. Man könnte das für unpassend halten, aber die Sprache geht eben ihre eigenen – ostpreußischen – Wege.

Wippchen ❧ *ostpreußische Späßchen, auch kleine ausgedachte, lustige Geschichten.*

Wirtsche ❧ *eine in der Regel verheiratete Frau, die einen großen Haushalt mit Familie (auf dem Land auch noch Hof und Garten) mit Geschick zu führen versteht.*
Nicht nur gute Kochkünste, sondern die Beherrschung aller wichtigen Hausarbeiten und die Bewältigung großer Herausforderungen wie z. B. der Bewirtung bei Familienfesten – man denke nur an Bauernhochzeiten – gehörten dazu. Der Begriff „Hausfrau" deckt diesen großen Bereich, speziell auf dem Land, nicht genügend ab.

Wenn es heißt: „Sie ist eine Wirtsche", ist das ein großes Lob, besonders für eine junge Frau oder sogar ein junges Mädchen, denn da kündigt sich die spätere tüchtige Hausfrau an. Eine *Wirtsche* war das Ideal für alle potentiellen Schwiegermütter sowie wichtiges Kriterium für heiratswillige Hoferben und sonstige Heiratskandidaten, denn hatte man statt einer *Wirtsche* eine *Schlampe* erwischt, begann häufig die Misswirtschaft, und das Gerede der Leute hatte man noch obendrein. *Wirtsche* ist eine Bezeichnung, die durch den gesellschaftlichen und technischen Wandel, auch durch den rasanten Rückgang der Landwirtschaft, überholt ist.

wischig ☙ *kopflos, verwirrt, vergesslich, zerstreut, fahrig, durchgedreht.*

Wischkodder ☙ *Aufwischlappen, Feudel.*
Da die Küchen in den alten Bauernhäusern in der Regel einen Boden aus hellen Holzdielen hatten, sie zugleich Wohnküchen und Aufenthaltsorte der Familie waren, mussten diese Dielen öfter feucht gewischt werden. Das geschah mit dem *Wischkodder* und war Frauenarbeit, die oft von den jungen Mädchen der Bauernfamilien verrichtet werden musste. Wenn deren Brüder, bevor die Dielen trocken waren, von irgendeiner Freizeitbeschäftigung zurückkamen und mit ihren *Klumpen* in die Küche unachtsam hereintrampelten, sodass alles wieder dreckig wurde, führte das bei den Mädchen zu großem Unmut. Sie fühlten gegenüber den Jungen ihre

Wischkodder

untergeordnete Stellung und empfanden sich als *Puschel*, deren Arbeit noch nicht einmal respektiert wurde.

Wischkull / Waschkoll (mld.-lit.) ❧ *unordentliche, ungepflegte, fettlockige Haare.*
Auch ungebändigter, wildlockiger Haarschopf, mit *Kudlus* verwandt. Nicht zu verwechseln mit dem *Wischkodder*, dem Aufwischlappen.

Wruken ❧ *gelbe Steckrüben.*
In der Nachkriegszeit ein unentbehrliches Nahrungsmittel, aber von Kindern nicht sonderlich geliebt. Nachdem die *Wruke* lange Zeit als Armeleuterübe verschrien war, feiert sie seit einiger Zeit ihre kulinarische Auferstehung und ist wieder hoffähig geworden.
Auch im *Butt* von Günter Grass kommt sie vor, doch nur als Rübe zweiter Klasse: „Nichts gegen Wruken, doch ich meine die lange, straffe, hier gerunzelte, dort fratzenziehende, rundum knollende Urrübe."[34] Wer hier Genaueres wissen will, der muss den Butt befragen.

wurrachen ❧ *angestrengt arbeiten, schuften wie ein Berserker, z. B. beim Roden von Stubben.*
Stammt aus einer Zeit, in der schwere körperliche Arbeit in Industrie und Landwirtschaft noch gang und gäbe war.
Zur Aussprache: Das „ch" wird ganz hinten im Rachen gesprochen, das verleiht dem Wort erst das nötige Quäntchen Arbeitswut.
Man stelle sich dazu einen Industriearbeiter vor, den wir den „Bennatt" (Bernhard eigentlich) nennen wollen, der aus dem Ermland stammt und der das Deutsche nur unvollkommen beherrscht. Er kommt am Nachmittag nach anstrengender körperlicher Arbeit in einer Leimfabrik der fünfziger Jahre nach Hause, aufs Dorf in der Nähe der Großstadt, aber anstatt den

34 Grass, Günter: Der Butt, Darmstadt 1977, S. 91

wohlverdienten Feierabend zu genießen, sieht man ihn, kaum dass er seinen grauen VW-Standard abgestellt hat, unermüdlich die verschiedensten Arbeiten in Hof und Garten verrichten: Grünfutter für die Kaninchen besorgen, den Schweinestall ausmisten („Die Schweine haben nass“), den Garten umgraben, aber mit einer atemberaubenden Schnelligkeit und Akkuratesse, wie ich das so nie wieder gesehen habe, oder einen Festmeter Holz mit der Axt so geschickt zerkleinern, dass schmale und etwa gleich große Buchenscheite unaufhörlich rechts und links vom Hauklotz fallen. Zwischendurch richtet er sich schon mal auf, streckt sich, schiebt den Speckdeckel aus der Stirn und ruft mir zu: „Ich schwitz wie Bär!“ Aber er macht keine Pause und hört nicht eher auf, als bis er alles Holz kleingekriegt hat.
Und so *wurracht* er all die Jahre endlos weiter, bis er eines Tages, allerdings schon als Rentner, apathisch und mit ausdruckslosem Gesicht auf einem Stuhl im Garten sitzt, völlig ausgebrannt und von schwerem Siechtum gezeichnet. Eine Weile noch schleppt er sich über die Erde und ist dann eines Tages verschwunden. Wahrscheinlich zu viel *gewurracht*. Hätte ihm das aber irgendjemand auf dem Höhepunkt seiner schier unerschöpflichen Kraft warnend gesagt, hätte er sein Gegenüber mit Sicherheit ausgelacht.

zappzarapp

zerplisern

Zibuische

Zigenker

zoddern

Deiwels Zujager

zappzarapp ☙ *zappzarapp machen heißt, mit einer raschen, unauffälligen Bewegung etwas entwenden.* Kommt aus dem Russischen, wo es das Wort in derselben Lautgestalt wie im Deutschen gibt. Soll aus der Soldatensprache stammen und ist vermutlich irgendwann mit den russischen Soldaten nach Ostpreußen eingewandert. Das kann schon im Siebenjährigen Krieg oder in der Napoleonzeit geschehen sein, vielleicht aber auch zur Zeit des 1. Weltkriegs, als weite Teile Ostpreußens von den Russen besetzt waren. Das Wort ist allerdings nicht überall gängig gewesen, in der Tilsiter Gegend zum Beispiel war es nicht geläufig. Mit dem Einmarsch der Roten Armee 1945 nach Ost- und Mitteldeutschland erlebte das originelle, lautmalerische Wort in der unmittelbaren Nachkriegszeit eine zweite, heftige Blüte, die abbrach, als sich die politischen und gesellschaftlichen Verhältnisse stabilisiert hatten. Es war eben nur ein zeitbedingtes Wort gewesen, das aus dem deutschen Wortschatz irgendwann lautlos verschwand, sodass es in den großen Wörterbüchern der deutschen Sprache heutzutage auch kaum mehr verzeichnet wird. Lena Grigoleit kannte dieses schöne Wort jedoch auch, und sie benutzt es in ihrem Lebensbericht, als sie die Begegnung mit den ersten russischen Soldaten kurz vor Kriegsende erwähnt: „Schon kamen die Russen: Uhr, Uhr. Ich antwortete: Uhr zappzarappzapp. Längst weggenommen.“[35]

35 Lachauer, U.: a. a. O., S. 56

zerplisern ☙ *zerfleddern (niederdeutsch).*
Kommt wahrscheinlich auch daher und bezieht sich auf Bücher, besser noch auf *Plieten*, die durch Alter und häufigen Gebrauch schon ganz zerlesen und dabei sind, auseinanderzufallen. Das kann sich auf Schulbücher, aber auch auf Romane von Hedwig Courths-Mahler beziehen, die in der Zeit nach dem 1. Weltkrieg eifrig gelesen wurden und durch viele Hände gingen.

Zibuische (mld.-lit.) ☙ *verächtlich für eine alberne, gezierte Frau gesagt.*
Kommt von *Zibb*, d. h. Ziege, mit der angehängten, typisch ostpreußischen Endung „sche" für eine weibliche Person, ähnlich der *Wirtsche.*
Eines dieser seltenen Worte aus dem Memelländisch-Litauischen, die zum Sprachschatz meiner Tilsiter Großmutter gehörten, aber schon lange nicht mehr zum aktiven Wortschatz unserer Familie.

Zigenker ☙ *Zigeuner.*
Der Ausdruck wurde nur regional in Masuren gebraucht. Heute ist auch die hochdeutsche Übersetzung nicht mehr gebräuchlich, weil sie gegebenenfalls als abwertend verstanden wird.

zoddern ☙ *zerren.*
Z. B. Fäden aus einem Gewebe herauszerren.
Dazu folgende poetische Verszeile auf ostpreußische Art:

„Das ist der Wehmut Schmerzjefiehl,
wo zoddert mir am Herzen.“[36]

In diesen Zusammenhang gehört auch das Partizip *ausgezoddert*, das sich gar nicht genau übersetzen lässt, sondern nur durch ein Beispiel verständlich wird. So kann ein Vollbart *ausgezoddert* sein, wenn er lange nicht geschnitten worden ist, sodass die Barthaare wild und ungleichmäßig in alle Richtungen wachsen wie bei einem altrussischen Popenbart, der zwar struppig, aber sehr beeindruckend sein kann. Für die meisten *ausgezodderten* Bärte gilt das allerdings nicht, sie sind in der Regel einfach nur ungepflegt.

Deiwels Zujager ☙ *gewitzter und gerissener Kerl mit dürftiger Schulbildung, der mit allen Wassern gewaschen ist, kleine kriminelle Akte durchaus nicht verschmäht und immer mit heiler Haut davonkommt, bis ihn eines Tages der Teufel doch noch holt.*

Das ist wahrscheinlich auch das Schicksal eines jungen Mannes gewesen, der *Friedrich*, d. h. Pferdeknecht bei einem Fuhrunternehmer in Masuren war, somit auf der sozialen Stufenleiter ganz unten stand. Aber er war deshalb noch lange kein *Duschak*. Lebenstüchtig bis in die Fingerspitzen und durchaus nicht auf den Mund gefallen, begeisterte er seine braven Kameraden beim Militärdienst durch seinen Mutterwitz und seine kriminellen Bravourstückchen, bis der Teufel in Gestalt

36 Lau, A. (Hrsg.): a. a. O., hier das Mundartgedicht „De Wehmut“, S. 166

des Zweiten Weltkriegs plötzlich in sein Leben trat. Ob er ihn überlebt hat, ist nicht überliefert.
Es gab damals auf den Dörfern, allerdings nicht nur in Ostpreußen, viele solcher sich selbst überlassenen, im Überlebenskampf schnell verwilderten Jungen von naturwüchsiger Intelligenz, die in dem Gefühl, überall durchzukommen und dem Teufel ein Schnippchen zu schlagen, sich Respekt und Anerkennung bei den eher braven Dorfjungen verschafften. In anderer Form gibt es sie auch heute noch, bevorzugt in den Großstädten.

Deiwels Zujager

Der Ausdruck *Deiwels Zujager* kommt in leicht veränderter Form auch bei Lena Grigoleit in der *Paradiesstraße* vor, es heißt dort: „Der Gerhard von Fabians hat immer alles auskundschaftet, der war, wie man sagt, ‚Deiwels Zutreiber'."[37] Irgendwann hat sie alle der Teufel geholt.

37 Lachauer, U.: a. a. O., S. 22

Anstelle eines Nachworts

Verba volant, scripta manent

Gesprochene Worte fliegen davon,
aber das Geschriebene bleibt,
auch wenn es vergessen wird.

Anhang

Literaturverzeichnis

I. Wörterbücher

Becker, Rudolf K.: Kleines ostpreußisches Wörterbuch, Würzburg 2003

Bock, Johann Georg: Entwurf eines preußischen Wörterbuches, Königsberg 1759

Duden, Deutsches Universalwörterbuch, Mannheim 1983

Frischbier, H.: Preußisches Wörterbuch, ost- und westpreußische Provinzialismen, zwei Bände, Berlin 1882

Goltz, Reinhard (Hrsg.): Preußisches Wörterbuch, deutsche Mundarten Ost-und Westpreußens in sechs Bänden, Wachholtz Verlag, Neumünster 2005

Kurschat, Albert Heinrich: Das Memelländische ABC, Volkskundliches Wörterbuch des memelländischen Niederdeutsch, Siebert Verlag, Oldenburg 1964

Niedermann, M. u. a.: Wörterbuch der litauischen Schriftsprache, Litauisch-Deutsch, Heidelberg 1932

Ziesemer, Walter: Preußisches Wörterbuch, Georg Olms Verlag, Hildesheim/New York, urspr. Gräfe & Unzer, Königsberg 1935

II. Belletristik & Biografien

Afanasjew, A. N.: Russische Volksmärchen, ausgewählt und übersetzt von Swetlana Geier, Winkler Verlag München, 1989

Alvensleben, Udo, von: Besuche vor dem Untergang, Adelssitze zwischen Altmark und Masuren, Tagebuchaufzeichnungen, zusammengestellt und hrsg. von Harald von Koenigswald, Ullstein Tb., München 1978

Bergengruen, Werner: Der Tod von Reval, Deutsche Buchgemeinschaft, Berlin und Darmstadt, 1954

Bobrowski, Johannes: Litauische Claviere, dtv. Taschenbuch, München 1970

Bobrowski, Johannes: Levins Mühle, Fischer Tb., Frankfurt 1970

Dönhoff, Marion Gräfin: Kindheit in Ostpreußen, Berlin 1988

Dönhoff, Marion Gräfin: Namen, die keiner mehr nennt, Ostpreußen – Menschen und Geschichte, dtv, München 1964

Giordano, Ralph: Ostpreußen ade, Reise durch ein melancholisches Land, KiWi, Köln 1994

Grass, Günter: Katz und Maus, Eine Novelle, Deutscher Taschenbuch Verlag, 14. Auflage, München 2006

Grass, Günter: Der Butt, Darmstadt 1977

Grass, Günter: Herrn Kurbjuhns Frage, in: Vonne Endlichkait, Steidl Verlag, Göttingen 2015

Kaschnitz, Marie Luise, von: Orte, Büchergilde Gutenberg, Frankfurt, 1975, S. 239

Lachauer, Ulla: Paradiesstraße, Lebenserinnerungen der ostpreußischen Bäuerin Lena Grigoleit, Rowohlt Tb., Hamburg 2003

Lachauer, Ulla: Ostpreußische Lebensläufe, Rowohlt, Hamburg 2004

Lalla, Heinz: Goldensee, Ein Dorf aus Masuren, Selbstverlag, Coppenbrügge 1988

Lau, Alfred (Hrsg.): Humor aus Ostpreußen, Plachandern und Qiddern, Rautenberg 2003

Lenz Siegfried: So zärtlich war Suleyken, Fischer Tb., Frankfurt 1963

Lenz, Siegfried: Heimatmuseum, Hoffmann und Campe, Hamburg 1978

Lenz, Siegfried: Brief vom 20. Februar 2008 an den Autor.

Liedtke, Klaus-Jürgen: Die versunkene Welt, ein ostpreußisches Dorf in Erzählungen der Leute, Eichborn Verlag, Frankfurt a. Main 2008

Mann, Thomas: Buddenbrooks, S. Fischer Verlag, 3. Auflage 2000

Rada, Uwe: Die Memel, Kulturgeschichte eines europäischen Stromes, Siedler Verlag, München, 2010

Ringelnatz, Joachim: Ringelnatz in kleiner Auswahl als Taschenbuch, Karl H. Henssel Verlag, Berlin, 11. Auflage, 1971

Sudermann, Hermann: Litauische Geschichten, Stuttgart und Berlin 1922

Surminski, Arno: Polninken oder eine deutsche Liebe, Hoffmann und Campe, 1984

Surminski, Arno: Sommer vierundvierzig, Ullstein Tb., München 2002

Trakl, Georg: Dichtungen und Briefe in zwei Bänden, hrsg. von Walter Killy und Hans Szklenar, Otto Müller Verlag, Salzburg 1969

Uhland, Ludwig: Werke in vier Bänden, Winkler Verlag, München 1980

Danksagung

Der erste Dank gilt meiner Mutter, Eva Papies, ohne deren intime Kenntnis der genaueren Wortbedeutungen, speziell aus dem memelländisch-litauischen Bereich, dieses *Wortschatzkästchen* nicht zustande gekommen wäre. Ihre Worterklärungen, manchmal nur gnurrend gewährt, waren immer originell und authentisch. Eine große Hilfe waren auch meine beiden Schwestern, Gisela Bunzel und Irene Rall, sowie meine Cousine Gundula Kogelschatz, die durch ihre enge Beziehung zu meiner Tilsiter Großmutter so manches schöne memelländisch-litauische Wort beisteuern konnte. Auch Gerti Karpa, mein Kindermädchen aus ostpreußischer Zeit, hat mir sehr geholfen, wenn es um die Herkunft aus dem Masurischen bzw. Polnischen ging.

Herrn Goltz vom Institut für niederdeutsche Sprache in Bremen danke ich für ein intensives und ausführliches Lektorat meines ersten Entwurfes und der Landsmannschaft Ostpreußen / Westpreußen in Bremen mit ihrem Vorsitzenden Heinrich Lohmann für die beharrliche Unterstützung und großzügige Förderung dieses langwierigen Buchprojektes. Danken möchte ich auch Frau Ute Eichler von der Lötzener Heimatstube in

Neumünster, die mir auf der Suche nach einem Verlag den richtigen Tipp gegeben und zweimal im Lötzener Heimatbrief für einen begrenzten Vorabdruck des Wortschatzkästchens gesorgt hat.
Mein besonderer Dank aber gilt meiner geliebten Frau Gisela Schulz-Papies, meiner Donna Latina, die mit ihrem klaren lateinischen Verstand so manche logischen Untiefen im Manuskript entdeckt und korrigiert hat. Obwohl sie Ostpreußen ursprünglich ganz fern stand, hat sie sich in diese fremde Welt hineinversetzt und mich angespornt, weiterzumachen, wenn mich arge Zweifel beschlichen, ob es für ein solches Buch nicht längst zu spät sei.

Inhalt